Der Obersalzberg das Kehlsteinhaus und Adolf Hitler

Prof. Dr. Ernst Hanisch
Universität Salzburg

Herausgeber:
Berchtesgadener Landesstiftung
Salzburger Straße 64
83435 Bad Reichenhall

Gesamtherstellung und Vertrieb:
Druckerei und Verlag Anton Plenk KG
Reichenbachstraße 8
83471 Berchtesgaden

ISBN 3-922590-98-5

Die Deutsche Bibliothek - CIP-Einheitsaufnahme
Der **Obersalzberg** : das Kehlsteinhaus und Adolf Hitler / Ernst Hanisch. Hrsg: Berchtesgadener Landesstiftung. – Berchtesgaden: Plenk, 1995
ISBN 3-922590-98-5
NE: Hanisch, Ernst; Berchtesgadener Landesstiftung; Der Herrscher am Berg

Hitlers Herrschaft

Der Obersalzberg und Auschwitz gehören zusammen. Die friedliche Idylle der Sommerfrische *und* die Todesfabriken unnennbaren Grauens. Der Kinder- und Hundefreund Hitler *und* der Anstifter eines gigantischen Völkermordes. Der liebenswürdige Gastgeber, charmant gegenüber schönen Frauen *und* der fanatische Hasser, der den Zweiten Weltkrieg lostrat, mit Millionen Toten.

Diese Verbindungslinien dürfen nie aus den Augen verloren werden, will man das Wesen der nationalsozialistischen Herrschaft nicht verfälschen; sie überschnitten sich in der demagogisch-charismatischen Herrschaft Adolf Hitlers. Charisma meint in der politischen Soziologie: eine außeralltägliche, magisch-hypnotische Qualität eines Politikers, die von den Anhängern als übernatürlich erlebt wird.[1] Deshalb war der Obersalzberg der „heilige Berg" des pseudo-religiösen Nationalsozialismus; deshalb „pilgerten" die „Wallfahrer" - an manchen Tagen wollten 5000 „Gläubige" den Führer zumindest aus der Ferne sehen - zu dieser Sakralstätte.[2] Für Berchtesgaden plante Hitler ein großes Parteiforum, eine Versammlungshalle, ein Kreishaus, Sportanlagen, dazu noch ein großes Kraft-durch-Freude-Hotel. Die Begründung: Der Obersalzberg und Berchtesgaden müssen „in aller Zukunft die Wallfahrtsorte des deutschen Volkes" bleiben.[3]

Hitlers Herrschaft gründet sich auf eine gläubige Anhängerschaft, die durch Rhetorik und Demagogie verzaubert und verführt wird.[4] Otto Strasser hat das frühzeitig scharf erkannt: „Adolf Hitler betritt einen Saal. Er prüft die Atmosphäre ... einige Minuten lang, er tastet, er sucht, er paßt sich an. Plötzlich bricht er los ... Seine Rede schnellt wie ein Pfeil von der Sehne des Bogens, er trifft jeden einzelnen an seiner verwundbaren Stelle, er setzt das Unterbewußtsein der Menge in Freiheit... ".[5]

1937, beim Parteitag in Nürnberg, umstrahlt von einhundertfünfzig Riesenscheinwerfern, appellierte Hitler an eine Art mystische Vereinigung: „Daß ihr mich einst gefunden habt, und daß ihr an mich glaubtet, hat eurem Leben einen neuen Sinn, eine neue Aufgabe gestellt! Daß ich euch gefunden habe, hat mein Leben und meinen Kampf erst

„Pilgerstätte" Obersalzberg

ermöglicht!"[6] Der große Schauspieler Hitler schlüpfte in viele Rollen. Beim Parteitag in Nürnberg trat er in der Rolle des strahlenumglänzten „Erlösers", von oben her, auf, beim „Deutschen Tag" in Berchtesgaden 1932 war es die Rolle des einfachen Mannes aus dem Volk, der nicht den etablierten Eliten angehört, der mit dem Volk fühlt; ein Medium, das die Vorurteile, die unbewußten Wünsche und Frustrationen aufnahm, bündelte, artikulierte und so wiederum die große „Gemeinschaft" herstellte.[7]

Hitlers Herrschaft braucht den Erfolg, sonst bricht sie zusammen. Die Schwungkraft darf nicht nachlassen, dauernd müssen neue „Ereignisse" produziert werden. Die erstaunlichen innen- und außenpolitischen Erfolge Hitlers versetzten ihn endgültig in eine quasisakrale Sphäre. Ab dem Jahr 1941 jedoch, dem Zusammenbruch der Blitzkriegstrategie vor Moskau, begann die Ausstrahlung zu weichen. Hitler erlitt eine militärische und politische Niederlage

Die Propaganda: Hitler als Kinderfreund

Seite 2: Eingangstor nach Auschwitz.

nach der anderen. Die Folge war, daß sich Hitler immer mehr in eine irreale Welt zurückzog. Er weigerte sich, die zerstörten deutschen Städte zu besuchen, er wich allen öffentlichen Auftritten aus. Der Zwang zum Erfolg löste jene „kumulative Radikalisierung" (Hans Mommsen) aus, die ungeheure destruktive Kräfte freisetzte und letztlich in der Selbstzerstörung endete. Hitler, der sich bis in seine letzten Tage leidenschaftlich mit Neubauten und Stadtplanungen beschäftigte, war ein Genie der Zerstörung. Im Nero-Befehl des Jahres 1945 plante Hitler die Vernichtung von ganz Deutschland. In einer riesigen Götterdämmerung sollte alles mit ihm untergehen.

Jede demagogisch-charismatische Herrschaft ist in sich höchst instabil, sie wird der rational-bürokratischen Ordnung übergestülpt. Das verlieh der nationalsozialistischen Herrschaft ihr charakteristisches Doppelgesicht: traditioneller „Gesetzesstaat" auf der einen Seite, „Maßnahmenstaat" auf der anderen Seite.[8] Der Bohemien Hitler haßte jede kontinuierliche Aktenarbeit, haßte die Juristen. Monatelang entfloh er der regelmäßigen Arbeit der Berliner Reichskanzlei in die gelöstere Atmosphäre des Berghofes am Obersalzberg. Hier brütete er tagelang untätig vor sich hin - alles andere als ein entscheidungsfreudiger Diktator -, um schließlich einen Entschluß zu fassen, an dem er dann, eisern und fanatisch, zwei seiner Lieblingswörter, festhielt.

Hitlers Machtprofil stützte sich auf Akklamation und Repression. In dieser Broschüre soll uns nur die Akklamation interessieren. Um die plebiszitäre Unterstützung zu sichern, griff der Nationalsozialismus auf eine Vielfalt von Symbolen zurück. Der *Staatsmann* in der Reichskanzlei in Berlin, der *Parteiführer* am Reichsparteitag in Nürnberg, der *Feldherr* in der Wolfschanze in Ostpreußen, und eben der *Volkskanzler* im Berghof am Obersalzberg. Die

Aura des Volkskanzlers gehörte zum ausgefeilten Programm der Ästhetisierung der Politik; sie war Teil der Selbstinszenierung des Regimes.[9] Der private Hitler, im zivilen Anzug oder in der ländlichen Tracht, Kinder tätschelnd oder Hunde dressierend, war in Wirklichkeit alles andere als privat, sondern unterstrich lediglich eine andere Seite der Repräsentation seiner Herrschaft.[10] Tausende von Fotos, fünf Bücher, sollten Hitler zeigen, „wie ihn keiner kennt"[11] : Kitsch, beispielsweise ein bestickter Kissenbezug mit dem Berghof-Motiv und dem unvermeidlichen Gruß aus Berchtesgaden,[12] neben hochprofessioneller massenkultureller Vermarktung, die vom Leibfotografen Heinrich Hoffmann gesteuert wurde.

Der Obersalzberg repräsentierte das Gegenbild zur allermodernsten Rüstungsindustrie und zur verborgenen Welt der Konzentrationslager: eine Welt der Geborgenheit, der sauberen Landschaft, der Heimatliebe. Auf dem „Berg" war Hitler nicht der „Führer", sondern der „Chef", umgeben von einem privaten *Hofstaat*, den er mit altertümlichen Höflichkeitsformen traktierte und durch einen boshaften Humor erfreute. So soll er einmal zu seiner Sekretärin, die eine Taschenlampe suchte, gesagt haben: „Ich hab sie fei nicht gestohlen. Ich bin wohl ein Ländledieb, aber kein Lämpledieb. Und das ist gut so, denn die Kleinen hängt man, aber die Großen läßt man laufen!".[13] Etwas weiter reichten die Bindungen an die *Alten Kämpfer*, an die Reichsführer und Gauleiter, die durch archaische, quasifeudale Treuebande an den Herrscher gebunden waren; dahinter stand die Masse der *Hitlergläubigen*, die von Zeit zu Zeit auf den „heiligen Berg" pilgern durften.

„Volkskanzler" Hitler wie ihn keiner kennt

Seite 4 oben: Reichsparteitag Nürnberg 1934 - Hitler als Parteiführer.

Die symbolischen Kraftfelder des Obersalzberges

Hitler hatte seinen dritten Wohnsitz - neben München und Berlin - nicht zufällig gewählt.[14] Der Berg stand im Zentrum eines dichten Symbolnetzes. Das Zwitterhafte der NS-Herrschaft, zugleich revolutionär und restaurativ, die Bruchlinie in der Person Hitlers, zugleich sehr bürgerlich und sehr antibürgerlich, dies alles wird bei der Wahl des Obersalzberges als „Sommerfrische" deutlich.[15] Die bürgerliche Sommerfrische sicherte zunächst einen Freiraum vom beruflichen und öffentlichen Alltag.[16] Hitler gliederte sich so durchaus in die traditionelle Struktur ein.

Die Gnotschaft Obersalzberg bestand am Anfang der 1920er Jahre aus Bauernlehen, Gasthöfen, Hotels und Sanatorien. 1877 hatte eine selbstbewußte und tüchtige Frau, Mauritia (Moritz) Mayer, das Steinhauslehen am Obersalzberg gekauft und in die Pension Moritz umgewandelt. Mit ihr begann der Ruf des Obersalzberges als „Luftkurort" in die deutschsprachigen Länder zu dringen. Populäre Schriftsteller wie Ludwig Ganghofer und Richard Voss verbreiteten den Mythos von Berchtesgaden; das bayerische Königshaus gab dem Land die Weihe. Eine Reihe von prominenten Familien, wie der Klavierfabrikant Bechstein, ein eifriger Förderer Hitlers, kauften sich an.[17] Die Zahl der Kurgäste in Berchtesgaden stieg von 6496 (1890) auf 22.398 (1913). Im Jahr 1921 werden schon 36.427 Kurgäste ausgewiesen.[18] Es war eine Gästemischung aus Aristokraten, Bürgern und Künstlern. Ein soziales Ambiente, das Hitler anzog. Selbstverständlich kamen auch Juden.

Im Sommer 1922 logierte der Dichter Arthur Schnitzler im Hotel Bellevue. Am 16. August 1922 besuchte er Professor Sigmund Freud, der mit seiner großen Familie in der Pension Moritz wohnte.

Man sprach - wie wir aus dem Tagebuch

Schnitzlers wissen - über Probleme der Psychoanalyse und die Eheschwierigkeiten von Gustav Mahler. Schnitzler wehrte sich innerlich gegen das Monomanische der psychoanalytischen Orthodoxie, was freilich seiner Bewunderung für Freud keinen Abbruch tat. Ein Herr Hitler taucht in den Notizen Schnitzlers noch nicht auf.[19]

Fünfzehn Jahre später wurde aus der Bergidylle eine Dauerbaustelle. Ein Netz von Technik begann den Berg zu umziehen, immer mehr Absperrungen und Sperrkreise schlossen das Herrschaftszentrum ab. Die anderen Potentaten wie Rudolf Heß, Hermann Göring, Martin Bormann, Albert Speer siedelten sich in der Nähe der Zentralsonne Hitler an. SS-Kasernen folgten. Aus der Sommerfrische Obersalzberg wurde ein „Freigehege für wilde Tiere", wie Albert Speer in seinen Erinnerungen schrieb.[20]

Der Obersalzberg lag an der Grenze zu Österreich. Gegenüber baute sich das mächtige, geheimnisvolle Massiv des Untersberges auf, ein bayerischer und österreichischer Berg. Das war wichtig für Hitler. Das be-

Seite 6:
Mauritia (Moritz) Mayer, durch sie wurde der Obersalzberg als „Luftkurort" bekannt.

Haus Wachenfeld, Blick durch das berühmte Fenster auf den Untersberg.

rühmte riesige, versenkbare Fenster am Berghof gab den Blick frei auf den Untersberg und Salzburg. In einem seiner endlosen Monologe erwähnte Hitler diesen Blick und interpretierte ihn als „Zug nach der Heimat", nach Österreich.[21] Salzburger Pläne, nach dem „Anschluß" 1938 eine Seilbahn auf den Gipfel des Untersberges zu bauen, verhinderte er. Der Ausblick vom Berghof wäre gestört, der Berg seines Geheimnisses beraubt. Hitler soll einmal sogar den Wunsch geäußert haben, auf dem Untersberg bestattet zu werden.[22]

Denn das war das andere Symbolfeld, das Hitler anzog. Der große Salzburger Dichter Georg Trakl schrieb den Vers „Der Flug der Vögel tönt von alten Sagen" (Der Herbst des Einsamen). Die Raben am Untersberg waren Träger einer alten Botschaft. In einer Broschüre „Um den Untersberg" erzählt und interpretiert Manfred von Ribbentrop die „Sagen aus der Wahlheimat Adolf Hitlers", aus jener „kraftschenkenden Heimat des Führers der Deutschen", wo das „Wissen aus den Stimmen des Blutes" noch lebendig war. Der Kern der „alten Mären" ist die Erwartung der letzten Schlacht zwischen Gut und Böse am Fuße des Untersberges, beim Birnbaum am Walserfeld. Die „Streitmacht der Lüge, Verrat und Falschheit, Bosheit und jeglicher Schande" - in die nationalsozialistische Propaganda der frühen 1940er Jahre übersetzt: der jüdische Bolschewismus wird heranstürmen, um den Sieg über die ganze Welt zu erkämpfen. Ströme von Blut werden fließen. Dann aber tritt der Retter aus dem Berg hervor, und die „junge Kraft des tapferen Volkes" (der Deutschen) wird den Sieg über alles Dunkle und Böse der Welt gewinnen.[23] Hier trifft man jene Verkehrung der Werte, die für den Nationalsozialismus typisch war.

Das Material für diese politische Instrumentierung stammte aus der uralten Sage des weiterlebenden Herrschers im Berg. An ihr lassen sich eine vorchristliche Interpretationsschicht (die Wotansage) von einer christlichen Version (aus Byzanz kam der Mythos des großen Kaisers, der vor dem Jüngsten Gericht auftreten werde), dann von einer nachchristlichen Leseart (der deutschnationalen Erzählung vor dem Ersten Weltkrieg) unterscheiden.[24]

Bleiben wir bei dieser letzten Version, die auf die NS-Interpretation unmittelbar einwirkte. Toni Blum veröffentlichte 1912 ein Singspiel, genannt: „Ein Sang vom Untersberg". Im Untersberg schläft Kaiser Karl mit seinem Heldenheer, auf jene Stunde wartend, die ihm die Raben ankündigen: aufzuerstehen, um das deutsche Volk zu retten. Das Volk, verkörpert von einem Hirten, legt seinerseits den Treueschwur ab:

> **„Zum Kaiser und zum deutschen**
> **Volk will immer treu ich halten,**
> **Und jedem, der uns lästern sollt'**
> **Kecklich den Schädel spalten".**[25]

Endlich zieht Kaiser Karl aus dem Berg, und der Herold verkündet die Einigung Alldeutschlands. Der Kaiser erkämpft den Sieg, und das Ganze endet in einer Apotheose Großdeutschlands. „Heil dir, du heil'ges deutsches Reich".[26]

Die Niederlage im Ersten Weltkrieg und der als kollektive Demütigung empfundene Vertrag von Versailles fügten dem deutschen Volk schwere Traumata zu. In den nationalen Kreisen sehnte man sich nach einem politischen Retter, nach dem Führer, der diese Schande tilgen soll. Hitler nahm dieses Motiv bewußt auf. Er setzte die Sage vom schlafenden Kaiser Karl im Untersberg, der eines Tages die vergangene Herrlichkeit des Reiches aufrichten werde, in Beziehung zu seiner Person. Zu Albert Speer sagte er: „Sehen Sie den Untersberg da drüben. Es ist kein Zufall, daß ich ihm gegenüber meinen Sitz habe".[27] Daher widersprach Hitler auch allen Meinungen, die Kaiser Karl zum „Sachsenschlächter" verkleinern wollten. Zu Himmler äußerte sich Hitler am Abend des 4. Februar 1942: „Karl der Große war einer der größten Menschen der Weltgeschichte".[28]

An dieses Netz der Symbole läßt sich noch eine weitere Masche anhängen. Eine ältere Schicht der Untersbergsage band das Bild vom schlafenden Kaiser nicht an Karl den Großen, sondern an den Stauferkaiser Friedrich II. Stupor mundi, das Staunen der Welt, wie dieser moderne Herrscher im Mittelalter genannt wurde.[29] In der päpstlichen Propaganda des Mittelalters erschien der Stauferkaiser Friedrich II. als Antichrist, als Luzifer, als irreligiöser Mensch, ein früher Atheist, der sich die Attribute der Gottheit anmaßte.[30] Diese kritische Dimension der Sage, die sich gegen die Hybris der Macht wandte, und den antireligiösen Kirchenkämpfer Hitler treffen konnte, wurde durch die Watzmannsage noch verschärft. Das war der andere mythenumhängte Berg, der den Obersalzberg umstellte.

Manfred von Ribbentrop erzählt die Watzmannsage so: In der Zeit als es noch Riesen gab, herrschte im bayerischen Hochgebirge der Riesenkönig Watzmann, ein grausamer, blutdürstiger Herr und ein wilder Jäger, Feind der Bauern und Hirten. Begleitet von seinem rauhen Weibe und seinen sieben Kindern jagte er eines Tages und traf auf eine friedliche Hirtenfamilie mit ihrer Herde. Die wilden Hunde des Königs zerfleischten die Hirten. Lachend saß König Watzmann hoch zu Roß und freute sich des mörderischen Bildes. Plötzlich erhob sich ein Donner in der Luft. Die Hunde des Königs erfaßte ein Blutrausch; sie zerrissen Watzmann und seine grausame Familie. Das vergossene Blut sammelte sich in zwei Seen. Die Leiber der Riesen aber versteinerten im Watzmanngebirge.[31] Der politische Kern der Sage betraf den jahrhundertealten Konflikt zwischen den Jagdprivilegien der Herren und der Not der Bauern. Dieser Kernbestand war klar herrschaftskritisch und konnte jeweils aktualisiert werden: gegen die Entartung der absoluten Macht Hitlers, aber auch ganz konkret: gegen die Aussiedlung der Bauern am Obersalzberg. Für diese Interpretationsmöglichkeit gibt es freilich bisher keine historischen Belege vor 1945.

Manfred von Ribbentrop: Broschürentitel „Um den Untersberg - Sagen aus der Wahlheimat Adolf Hitlers"

Das andere Symbolfeld, der Untersberg

Hitlers Erzählung

In der Nacht vom 16. auf den 17. Januar 1942 - es war der Zeitpunkt der Wende des Krieges -, erzählte Adolf Hitler im Führerhauptquartier „Wolfschanze" von Berchtesgaden.[32] Er begann seine Erzählung, wie es sich gehört, mit der Geschichte, berichtete von der Bedeutung des Salzes für Berchtesgaden, ging über zum „grimmigen" Mittelalter, ganz dramatisch erwähnte er die Perchten als Ausdruck des Schrecklichen, vergegenwärtigte sich die Wildnis, die kleinen Straßen, die Räuber, das langsame Vorwärtskommen. Aus anderen Quellen wissen wir, daß sich Hitler tatsächlich für die Geschichte Berchtesgadens interessierte und sich Spezialliteratur kommen ließ.[33]

Als typischer Halbgebildeter, allerdings mit einem außergewöhnlichen Gedächtnis für Zahlen und Fakten begabt, versuchte Hitler auch eine volksetymologische Ableitung des Namens Berchtesgaden: „Gaden wird Gatter heißen: Garten, ein umfriedeter Raum".[34] Die moderne Forschung hingegen interpretiert das mittelhochdeutsche Wort „Gaden" als „Haus von nur einem Gemach" und das Bestimmungswort Per(c)htger als germanischen Personennamen.[35] Auf den Obersalzberg kam Hitler durch Dietrich Eckart. Wie Hitler selbst entsprang dieser mittelmäßige nationalistische Schriftsteller und Bohemien, ein starker Trinker und Schwadroneur, aus der brodelnden völkisch-antisemitischen Atmosphäre Münchens. Einige literarische Bedeutung erreichte Eckart durch die deutsche Übersetzung des „Peer Gynt" von Henrik Ibsen. Dieser derbe Mann mit seinem dicken runden Schädel wirkte eine Zeitlang als geistiger Mentor Hitlers. Er vervollständigte Hitlers politische Bildung, gab dem Unsicheren, der stän-

Adolf Hitlers Landhaus am Obersalzberg bei Berchtesgaden.

dig mit einem abgewetzten blauen Anzug und Trenchcoat herumlief, einen gewissen gesellschaftlichen Schliff und führte ihn in die gute Münchner Gesellschaft ein.[36]

Als Schriftleiter des „Völkischen Beobachters", der durch Eckarts finanzielle Garantie gekauft werden konnte, übte er die Funktion eines Chefideologen der frühen NSDAP aus. Sein „Sturmlied" prägte den Schlachtruf „Deutschland erwache". Den dann folgenden Ruf „Juda verrecke" hatte Eckart ebenfalls vorformuliert: „Am liebsten möge er sämtliche Juden in einen Eisenbahnzug verladen und ins Rote Meer damit fahren".[37]

Wegen seiner aggressiven Schreibweise wurde Eckart mehrfach gerichtlich belangt. Am 12. April 1923 sollte eine Verhandlung vor dem Staatsgerichtshof in Leipzig stattfinden. Anklagepunkt: Verunglimpfung des Reichspräsidenten Friedrich Ebert. Eckart weigerte sich, dieser Ladung Folge zu leisten und floh in die Berge, nach Berchtesgaden. Christian Weber, einer dieser urbayerischen derben Pferdehändler und ein frühes Parteimitglied, hatte ihm am Obersalzberg einen „kostspieligen Schlupfwinkel" verschafft, in der Pension Moritz. Später wohnte Eckart unter dem Decknamen Dr. Hofmann im Göllhäusl auf dem Vorderbrand.[38] Im Winter 1942, in der Wolfschanze, erzählte nun Hitler, wie sie Eckart 1923 mit Hilfe der Reichswehr auf den Obersalzberg gebracht, wie sie die Kriminalbeamten (jene „Polizei-Affen") genarrt hatten. Im Frühjahr 1923 machten sich Hitler und Weber auf, um den Parteifreund am Obersalzberg zu besuchen. Originalerzählton Hitlers: „Nun ging das steil bergauf und wollte gar kein Ende nehmen! Ein schmaler Weg, im Schnee. ‚Du', sag' ich, ‚bist du verrückt? Hört der Weg nicht gleich auf jetzt? Glaubst du, ich steig' auf den Himalaya hinauf, bin ich jetzt plötzlich eine Gemse geworden? Herrgott, habt ihr keinen besseren Platz finden können? Wenn das jetzt noch einmal so lang dauert, kehre ich lieber um, übernacht unten und steig' bei Tag hinauf!' Er: ‚Wir sind ja gleich oben!' Und plötzlich sah ich ein Haus vor mir: die Pension Moritz. ‚Haben wir überhaupt Zimmer?' ‚Nein. Aber wo keine Stiefel draußen stehen, können wir reingehen.' - Telephonisch hatten wir uns ja nicht anmelden können. ‚Jetzt schauen wir, ob der Dietrich Eckart da ist.' Wir klopfen an einer Türe. ‚Diedi, der Wolf (Hitlers Tarnname E.H.) ist da!' Im Nachthemd kommt er heraus mit seinen stacheligen Beinen. Begrüßung. Er war ganz gerührt. ‚Um wieviel Uhr muß ich aufstehen in der Früh?' ‚Um sieben, halb acht ist es am schönsten!' Ich hatte von der Landschaft noch gar nichts gesehen. Nächsten Morgen werde ich wach, es ist ganz hell. Ich gehe zur Veranda und schau hinaus: ‚Ist das wunderbar! Ein Blick auf den Untersberg, unbeschreiblich!'"[39]

Hitler kehrte bald nach München zurück. Doch im Mai 1923 versteckte sich Hitler selbst in Berchtesgaden. Er hatte ein Verfahren wegen Landfriedensbruch, wegen eines gescheiterten Putschversuches im Mai 1923 am Hals.[40] Und er kam immer wieder.

In der ostpreußischen Wolfschanze schwärmte er: „Für mich war der Obersalzberg etwas ganz Herrliches geworden. Ich habe mich ganz verliebt in die Landschaft ... immer gab es da schöne Frauen, für mich war das wunderbar; die eine war eine ausgesprochene Schönheit, die anderen waren sehr nett".[41] Nach dem Putschversuch vom 9. November 1923, nach der Festungshaft in Landsberg, zog sich Hitler 1925 neuerdings nach Berchtesgaden zurück. Weil er Redeverbot hatte, diktierte er den zweiten, 1926 gedruckten Band von „Mein Kampf".[42]

Postkarte vom Haus Wachenfeld

Ehemaliges „Kampfhäusl"

In Hitlers Erzählung klang das so: „Ich sagte: Ich muß diktieren, ich muß ganz Ruhe haben, und bin in das ganz kleine Häusl rein und habe da gearbeitet".[43] Das kleine Häusl, das später sogenannte „Kampfhäusl", gehörte mit zur Mythologie: das Genie zieht sich in die Einsamkeit zurück, um seine „unsterblichen Meisterwerke" zu schaffen.[44]

Jahr für Jahr zog es Hitler auf den Obersalzberg. Er suchte eine ständige Bleibe. Die Bechsteins empfahlen ihm das „Sonnenköpfl", das Maria Cornelius gehörte und das später (wie viele andere Anwesen) abgerissen wurde.[45] Doch der Platz war ihm klimatisch zu heiß. Hitler scheute die Sonne. Wie er in seiner persönlichen Lebensführung die Nacht zum Tag machte, so suchte er auch untertags den Schatten. Schließlich hörte er, Haus Wachenfeld, ein typisch bayerisches Landhaus, sei zu vermieten. Nach Hitlers eigenen Angaben war das 1928 (andere Quellen sprechen von 1925). Das Haus gehörte der Witwe des Kommerzienrats Winter aus Buxtehude, die mit dem Mädchennamen Wachenfeld hieß. Sofort fuhr Hitler hinauf. Er traf die Besitzerin, und dann soll sich folgender Dialog abgespielt haben: „Hitler: ‚Sie entschuldigen, sind Sie Besitzer dieses Hauses? Ich hab' gehört, daß Sie vermieten wollen'. ‚Sie sind Herr Hitler? Wir gehören auch zu Ihnen. Wir sind Parteigenossen'. ‚Das ist wunderbar!'" Später beim Kaffee stellte Hitler dann die Frage, ob er das Haus das ganze Jahr lang mieten könne. Er konnte. Um 100 Mark im Monat. Sofort ließ er seine Halbschwester Angela Raubal aus Österreich kommen, die ihm bis Mitte der 1930er Jahre den Haushalt führen sollte.[46]

Wie es dann zum Kauf des Hauses kam, schilderte Hitler so. Er fuhr nach Buxtehude. Gleichsam von der Regie vorgesehen, soll die Fabrik der Winters in der Nacht vorher abgebrannt sein. Dann traf er Frau Winter: „‚Ach, Sie sind da! Ich sehe Sie ja kaum. Ich fasse es als ein Glück auf, daß Sie heute gekommen sind. Wenn ich mir denke, daß das jetzt weggebrannt ist! Wissen Sie, es gibt doch eine Gerechtigkeit!'"

Hitler schob in seine Erzählung den antisemitischen Kommentar ein. „Die Fabrik war der Frau in der Inflationszeit von zwei Juden abgehandelt worden." Als geschickter Erzähler trieb Hitler die Geschichte nun zum Höhepunkt: „Die Tochter: ‚Mutter, Herr Hitler möchte das Haus auf dem Berg kaufen'. Sie: ‚Heut', weil's so ein Glückstag ist, heut', da bin ich einverstanden.'"[47]

Das Vertragsangebot wurde am 17. September 1932 gestellt. Käufer war Regierungsrat Adolf Hitler aus München. Der Kauf wurde am 26. Juni 1933 um 40.000 Goldmark getätigt. Inzwischen war der Regierungsrat Hitler allerdings schon Reichskanzler Hitler.[48]

In der Januarnacht 1942 beendete Hitler seine lange Erzählung mit einer Apotheose des Obersalzberges: „Ja, mit diesem Berg bin ich eng verbunden. Vieles hat sich dort getan, ist entstanden und vergangen, es sind die schönsten Zeiten meines Lebens... Meine großen Pläne sind dort entstanden".[49] Diese großen Pläne Hitlers interpretierte 1948 der katholische Pfarrer von Berchtesgaden O. Schüller: „Vom Obersalzberg sind einmal die vier apokalyptischen Reiter ausgezogen und haben die Gespenster des Krieges, des Hungers und des Todes in der Welt entfesselt".[50]

Seite 14: Hitler und Bormann nach dem Attentat in der Wolfschanze

Haus Wachenfeld nach dem Umbau im Mai 1933

Die Verwandlung des Berges

Für den Reichskanzler Hitler genügte das kleine, gemütliche Haus Wachenfeld mit seinen altdeutschen Heimattümeleien (mit Kanarienvogel und Kaktus, mit 5 Nachttöpfen zu RM 1,40) dann nicht mehr.[51] Zweimal wurde das Haus nach Hitlers eigenen Plänen von dem Münchner Architekten Alois Degano umgebaut. 1936 konnte der repräsentativ-herrscherliche Berghof, wie das Haus nun hieß, eröffnet werden. Hitlers ganzer Stolz war das große, versenkbare Fenster, das den Blick auf den Untersberg freigab. Die Rekordsucht unterstrich auch die aus einem Stück gefertigte Marmortischplatte von sechs Metern Länge in der Halle.[52] Daß Hitler seine eigene Gigantomanie gelegentlich Angst machte, enthüllte seine Erzählung von der ersten Fahrt zum Berg nach dem Umbau: „Ich hatte Angst, daß er doch vielleicht durch seine Größe aus der Landschaft herausfällt, und war dann glücklich, daß es gut ausgesehen hat. An sich wollte ich es ja noch größer haben".[53]

Um diese Zeit, Mitte der 1930er Jahre, begann die Verwandlung des Berges. An Stelle des Luftkurortes Obersalzberg entstand eine Regierungsstadt mit einer eigenen exterritorialen Verwaltung, die Verwaltung Obersalzberg. Treibende Kraft für diese Verwandlung war Martin Bormann, im Volksmund „Herrgott vom Obersalzberg" genannt. Dieser zähe Buchhalter, im Gegensatz zu dem eher faulen Hitler ein „Arbeitstier", hatte sich mit unermüdlicher Energie hinaufgearbeitet, vom Stabsleiter bei Rudolf Heß zum Sekretär des Führers (1943), der seit Kriegsbeginn alle Zugänge zu Hitler kontrollierte. Eine der Quellen von Bormanns Macht war seine Verfügung über Hitlers Privatvermögen und seine Treuhänderschaft für die NSDAP beim Aufkauf des Obersalzberges.

Adolf Hitler war ein reicher Mann. Als Schriftsteller, der über den staatlich verordneten Bezug von „Mein Kampf" Millionen verdiente; als Staatschef, dessen Kopf die Briefmarken zierte, und der davon Tantiemen bezog. Allein von der Post erhielt Hitler zwischen 1937-1943 circa 41 Millionen RM.[54] So konnte er es sich ohne weiteres leisten, die gesamten Kosten für den Berghof, für die Staatsgäste, für das Begleitkommando, für das Personal selbst zu tragen; erst 1939 wurden die Kosten zwischen dem Privatvermögen Hitlers und der Partei geteilt.[55]

Bormann stand mit Block und Bleistift stets bereit, um jede unscheinbare Äußerung Hitlers in einen Befehl oder einen Erlaß umzuwandeln. Wie der ehemalige SS-Kommandant am Obersalzberg, Bernhard Frank, bildkräftig notierte: „Bormann stand allzeit bei seinem Führer und leckte seine Wünsche, auch die geheimsten, von seinen Lippen".[56] Längst hatte er alle übrigen NS-Potentaten verdrängt. Noch in der amerikanischen Gefangenschaft schäumte der abgemagerte Hermann Göring: „Wir nannten Bormann den kleinen Sekretär, den großen Intriganten und das dreckige Schwein".[57] In der apologetischen Literatur freilich wird diese Spannung benutzt, um Bormann zum Dämon Hitlers zu erhöhen und so den „Führer" zu entlasten. Auch wenn Hitler über Bormann gelegentlich spottete - dieser trage seinen Namen zu Recht, er bohre alle Berge an - der Sekretär tat nichts, was sein Herr nicht wollte.[58]

Dazu gehörte der Aufkauf des Obersalzberges. „Blut und Boden" zierte alle nationalsozialistischen Sonntagsreden. Wenn es um die Staatsräson, um Hitlers persönliche Wünsche ging, wurde ein altes bäuerliches Siedlungsgebiet rücksichtslos zerstört. Rund 10 km² kaufte Bormann als Treuhänder an. Aus Privatbesitz stammten 278 ha für 6 Millionen Mark, aus der öffentlichen Hand stammten 713 ha für 1,2 Millionen Mark. Über 50 Anwesen fielen so an die NSDAP. Hitler besaß privat nur den Berghof und angrenzende Gebiete.[59]

Manche gingen freiwillig und wurden relativ gut entschädigt. Frau Bechstein beispielsweise stellte ihr Haus als Gästehaus zur Verfügung, wollte aber ein anderes Haus am Starnberger See oder Tegernsee. Bormann dachte sofort an ein „Judenhaus", das doch billig zu haben sein müsse.[60] Andere wurden durch Schikanen und massiven Druck zum Absiedeln gezwungen. Der Besitzer der Scharitzkehlalm, Simon Hölzl, widersetzte sich, worauf er am 4. April 1940 die lapidare Antwort Bormanns erhielt: „Ihr Schreiben vom 10.2.1940 könnte nur mit Ihrer Einweisung in das Konzentrationslager Dachau beantwortet werden. Ich nehme vorläufig davon Abstand, einen dementsprechenden Antrag zu stellen, keinesfalls werde ich den ohnehin ablaufenden Vertrag mit Ihnen erneuern oder Ihnen irgendeine Entschädigung zahlen".[61] Wiederum andere sollten durch Boykotte ihrer Geschäfte mürbe gemacht wer-

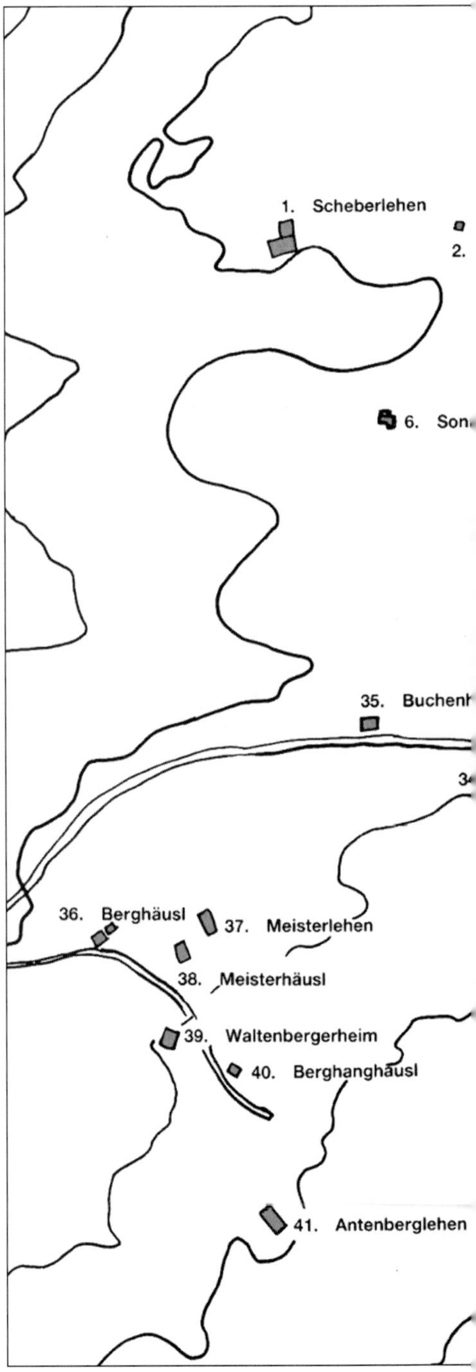

den.[62] Ob einer Parteigenosse war oder nicht, spielte bei der Absiedlung keine Rolle. Die NSDAP allerdings konnte es sich richten. Der Staat verzichtete regelmäßig auf Grunderwerb-, Einkommen- und Vermögensteuer.[63]

Bis zum Jahre 1937 waren alle alten Obersalzberger ausgesiedelt. Am 18. Januar 1937 wurde in der Kapelle Maria-Hilf die letzte Messe gefeiert.[64] Neun Jahre später, in der Bergpredigt am Christi-Himmelfahrtstag des Jahres 1946, sprach der Kurat von Maria Hilf, Johannes Baumann, vom Götzendienst, den das deutsche Volk auf dem Obersalzberg getrieben hatte. Bis 1937 gelang es noch - so der Priester weiter - der mächtigen Liturgie des Nationalsozialismus das Gloria der Messe entgegenzusetzen: Tu solus Sanctus, tu solus Dominus, tu solus Altissimus (Du allein bist der Heilige, Du allein der Herr, Du allein der Höchste, Jesus Christus). Dann war es auch damit vorbei. Es herrschte nur mehr der Kult Adolf Hitlers.[65]

Denn der Berg wurde nicht menschenleer, im Gegenteil. Die Zahl der Einwohner der Gemeinde Salzberg wuchs von 1933 bis 1939 um 69 Prozent.[66] Es entstand die „Regierungsstadt": die Landhäuser der NS-Mächtigen, die SS-Kaserne, die Garagengebäude, der Umbau des Platterhofes zu einem Hotel, der Gutshof als Spielplatz für den Agronomen Bormann und für Hitlers vegetarische Ernährung, die zahllosen Baracken, die Siedlungen der Angestellten, das Kino als Zentrum moderner Massenkultur. Überall wurde gesprengt, gebaut, eine ständige Baustelle. Dahinter Bormann mit seiner Parole: „Antreiben, antreiben!"[67] Im Durchschnitt waren etwa 3000 Arbeiter beschäftigt, der gesamte Bauaufwand betrug 980 Millionen RM.[68]

Der Berg wurde auch deshalb nicht menschenleer, weil der bereits in den 1920er Jahren einsetzende Massentourismus nun einen quanti-

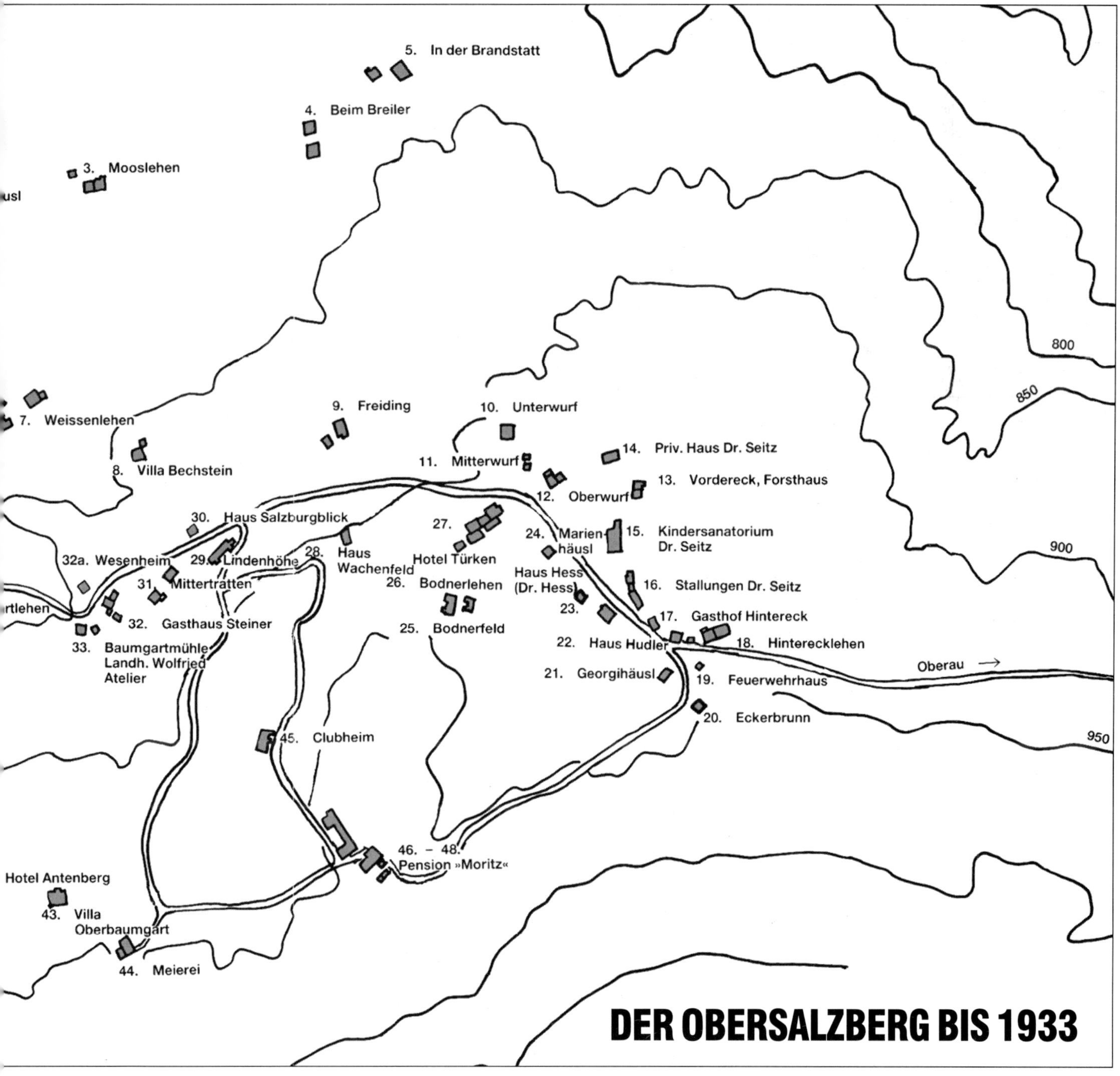

DER OBERSALZBERG BIS 1933

tativen Sprung machte. Die Aussperrung Österreichs durch die Tausend-Mark-Sperre - als politische Maßnahme gedacht, um die gegnerische österreichische Regierung Engelbert Dollfuß zu stürzen -, die anlaufenden KdF (Kraft durch Freude) - Reisen, die Anziehung der „Wahlheimat Hitlers" bewirkten einen steilen Anstieg des Fremdenverkehrs. Die Bettenkapazität des ganzen Berchtesgadener Landes stieg von 6217 (1933) auf 10540 (1934), die Übernachtungen verdreifachten sich nach der Machtergreifung fast.[69] Die Hysterie der „Pilger" nahm unvorstellbare Züge an. Steine, auf denen Hitlers Fuß trat, wurden als Andenken mitgenommen.[70] Heinrich Himmler als Chef der bayerischen Polizei mußte im Sommer 1933 eine Bekanntmachung herausgeben: „Es wird von der Bevölkerung erwartet, daß sie im Interesse der Erholung des Volkskanzlers sich strikte an die Vorschriften hält und so jeder dazu beiträgt, dem Volkskanzler den Aufenthalt in Obersalzberg so angenehm als möglich zu gestalten. Es ist notwendig, daß jeder unnötige Lärm vor dem Hause, wie Sprechchöre oder Zurufe, unter allen Umständen zu unterbleiben haben. Als gegen den guten Ton verstoßend muß es bezeichnet werden, wenn ständig jede Bewegung des Volkskanzlers mit dem Feldstecher beobachtet wird".[71] Nach dem Juli-Abkommen von 1936, mit den darauf folgenden Reiseerleichterungen, kamen viele Österreicher, um ihren zukünftigen „Erlöser" zu sehen. In einem Reisebericht einer Sekretärin heißt es: „Die meisten aber kamen direkt aus Österreich nur für ein paar Stunden hierher und hofften, den Führer zu sehen... Soviele Österreicher in ihren Trachten, aus Braunau, aus dem

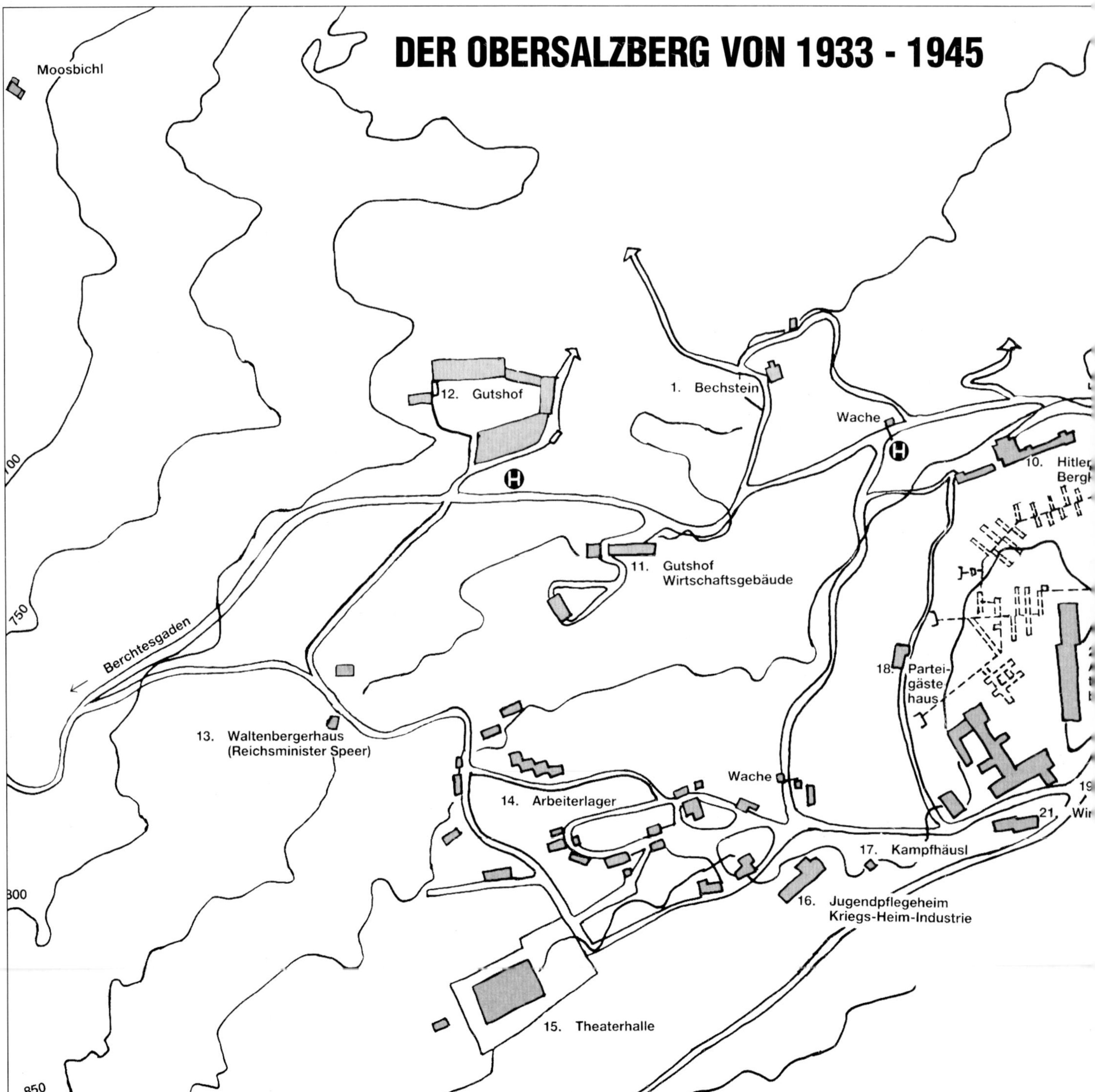

Salzburgischen, aus Kärnten, aus der Steiermark waren gekommen. Trotz strömenden Regens harrten sie aus ... Das war wirklich ergreifend, diese Menschen von ihrer großen Liebe und Verehrung zum Führer sprechen zu hören."[72]

Die Bevölkerung verehrte nicht nur den „Volkskanzler", es folgten bösartige Denunziationen. Dazu ein Beispiel. Am 26. August 1935 schrieb ein SA-Sturmmann aus Berchtesgaden an das antisemitische Hetzblatt „Der Stürmer" einen Brief: In der „Wahlheimat unseres Führers" liege der herrliche Königssee. Dort befinde sich ein winziges Strandbad, das von einem Pächter geführt werde, der mit einer Jüdin verheiratet sei. „Will man also die einzige Möglichkeit im Königssee zu baden ausnützen, so muß man dieser Judenschickse sein Geld hintragen und darf unter Aufsicht ihres Mannes, dieses artvergessenen Judenknechtes, baden".[73] Die Folge sei, daß sich dort seit jeher die Juden tummelten. Jeder wahre Deutsche werde, ausgerechnet in der Nähe des Führers, gezwungen, „in Gesellschaft krummnasiger und plattfüßiger Jidden, durch deren arrogantes lärmendes Benehmen allein das Bad verleidet wurde, zu baden."[74]

Schließlich wurde in Schönau-Unterstein ein „deutsches" Strandbad eröffnet. 1935 verbot ein Erlaß den Juden überhaupt, öffentliche Bäder zu besuchen, eine der ersten Maßnahmen der Diskriminierung der Juden. Die Empörung des vorurteilsbelasteten SA-Mannes kannte keine Grenze, als er dem „lieben Stürmer" melden mußte, daß nun auch in dem „deutschen Bad" Juden auftauchten. Sofort stellte er den Besitzer des Bades, einen Parteigenossen, zur Rede. Der zuckte die Achseln und sprach von Türken, was ihm sofort die Einschätzung „Gesinnungslump" und „Judenknecht" eintrug. Im Zeitalter des Rassismus konnte eine solche Denunziation nicht folgenlos bleiben. Die Redaktion des „Stürmers" schickte den Brief an die Kreisleitung Berchtesgaden. Kreisleiter Max Kammerer forderte von der Ortsgruppe Königssee eine Überprüfung und einen einwandfreien Bericht an. Dieser wurde am 12. Oktober 1935 erstellt, mit dem Ergebnis: Die Darstellung „entspreche in allen ihren Teilen vollkommen den Tatsachen". Energisches Einschreiten wurde angekündigt.

Unter dem Schutzschirm der NS-Herrschaft wurden so immer wieder alltägliche Konflikte weltanschaulich aufgeladen. Da die Juden öffentlich zu Urfeinden der Deutschen erklärt worden waren, zum großen Tabu, gehörte es zu den wirksamsten Waffen, den Streitgegner als „Judenfreund", ja als „Juden" zu verdächtigen. So konnte man ihn am nachhaltigsten vernichten. Die Vision der „Volksgemeinschaft" enthielt von allem Anfang an das Moment des Ausmerzens der „Gemeinschaftsfremden", die dann relativ beliebig definiert werden konnten.

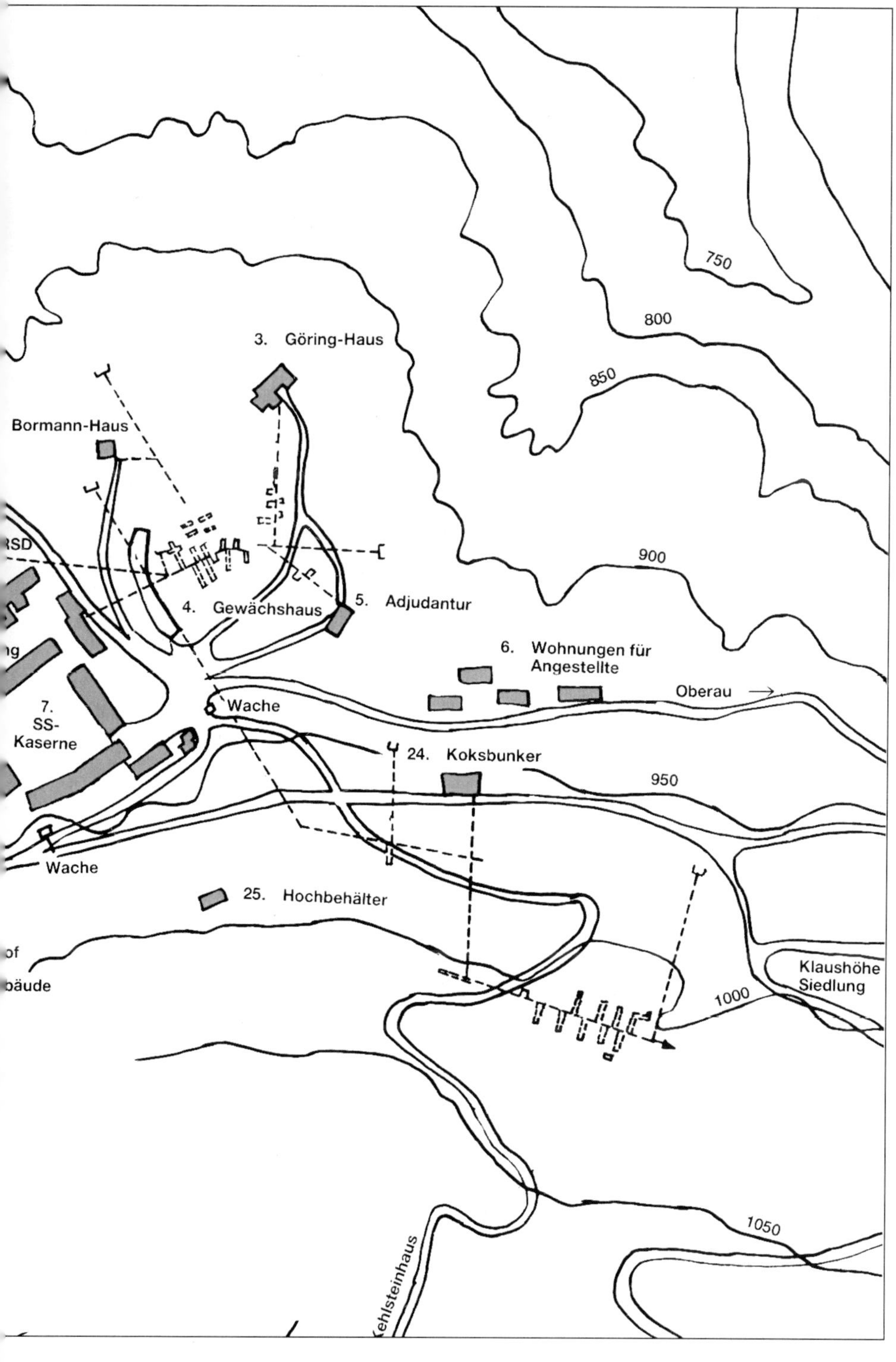

Die „Verwandlung des Berges" – Plangegenüberstellung (Häusernamenverz. Seite 40 u. 41)

Ein Zeichen der absoluten Herrschaft: das Kehlsteinhaus

Am 18. Oktober 1938 besuchte der französische Botschafter André François-Poncet das Kehlsteinhaus. Sein Bericht atmet Bewunderung. Der Einladungsort wirkte von der Ferne wie ein Observatorium, über 1800 m hoch gelegen auf dem Gipfel eines Gebirgskammes.[75] Der Botschafter suchte sprachliche Vergleiche, um den gewaltigen Eindruck zu beschreiben. François-Poncet spricht von einem im Weltraum schwebenden Gebäude, von der Burg Monsalvat aus der Gralssage, vom Berg Athos. Aber es bleibt ein Zwiespalt. Ist es nicht doch ein Unterschlupf von Räubern, wo sie ausruhen und ihre Schätze aufhäufen? „Ist es ein Werk eines normalen Geistes oder eines Menschen, den Größenwahn verfolgt, der, von Machtwillen besessen, die Einsamkeit sucht - vielleicht ein Opfer der Angst".[76] Die kühne Anlage demonstrierte die Leistungsfähigkeit der deutschen Technik, zeigte, wie François-Poncet schreibt, die Fähigkeit der zähen deutschen Arbeiter. Die ästhetische Gediegenheit, auf eine sorgfältige Einpassung in die Natur bedacht, sollte den diskreten Charme der absoluten Herrschaft Hitlers ausdrücken.

Hitler selbst wirkte auf François-Poncet blaß und abgespannt. In dem langen politischen Gespräch mit dem scheidenden Botschafter, oben in der Höhe, zeigte sich der Reichskanzler als Staatsmann, gemäßigt, versöhnlich, nachdenklich. Genau das war das Geheimnis des Kehlsteinhauses.[77] Es gehörte zum Imponiergehabe des Regimes. Ausgewählte ausländische Besucher sollten beeindruckt werden: von der Schönheit der deutschen Berglandschaft, von der Leistung der deutschen Technik, von der ästhetischen Dimension des Nationalsozialismus - fern jeder Rüstungsindustrie, fern von Panzern und Flugzeugen, fern von den Konzentrationslagern. Der offizielle Name D (=Diplomaten)-Haus enthüllt diese Absicht. Aus dem D-Haus wurde umgangssprachlich das Teehaus. Das war zwar falsch, denn Hitler scheute die Höhe, er litt unter Schwindelgefühlen und kam nur ganz selten auf den Kehlstein. Das eigentliche Teehaus lag in der Nähe des Berghofes auf dem Mooslahnerkopf, dorthin richtete Hitler seinen täglichen Spaziergang.[78] Die umgangssprachliche Verwandlung entsprach jedoch durchaus den nationalsozialistischen Intentionen, und selbst die amerikanische Bezeichnung The Eagle's Nest (Adlerhorst) saß noch der nazistischen Propaganda auf. Denn der Adler gehörte zum uralten Herrschaftssymbol absoluter Macht. Nebenbei wirkte sich vermutlich auch der Berchtesgadener Trivialmythos eines Ludwig Ganghofer aus.

Der Einfall für den Bau dürfte von Bormann stammen. Er wollte seinem Herrn und Meister, dessen Bauleidenschaft er täglich erlebte, etwas Außerordentliches bieten. Geld spielte keine Rolle. Arbeitskräfte und Technik standen zur Verfügung. Die Planung begann 1936. Zunächst war nur ein Rundweg um den Kehlstein geplant, dann steigerte sich die Planung immer mehr, schließlich sollte ein prachtvolles Haus am Gipfel des Kehlsteins, ein Geschenk der NSDAP zu Hitlers 50. Geburtstag (20. April 1939), entstehen. Das gefährliche Gelände, die Bedingungen des Hochgebirges häuften eine Schwierigkeit nach der anderen auf, erforderten immer wieder Umplanungen.

So entwickelte sich eine Heldensaga des Baues. Bormann war von dem typischen nationalsozialistischen Größenwahn besessen: Für den deutschen Soldaten, für den deutschen Arbeiter, für den deutschen Ingenieur gibt es nichts Unmögliches. In rasender Eile, in Tag- und Nachtschichten, von Bormann angetrieben, wurden eine Straße in den Felsen gesprengt, Tunnels angelegt, eine Materialseilbahn gebaut, Zubringerwege hergerichtet: eine unbestreitbar gewaltige Leistung. Viele Arbeiter und Techniker kamen aus Österreich, die beim Bau der Großglocknerstraße Erfahrungen mit dem Bau im Hochgebirge gesammelt hatten. Gebaut wurde bei jedem Wetter. Sand, Zement mußten anfänglich auf dem Rücken der Arbeiter transportiert werden. Meterhohe Schneewände mußten im Frühjahr beseitigt werden; dazu drohte Lawinengefahr. Ein Bergsturz kostete 1937 fünf Menschenleben. Die große Zahl von Arbeitern (zirka 3.500), gewiß gut bezahlt, schuf in der Einsamkeit der Lagersiedlungen Kommunikationsprobleme. Eine geheim gehaltene Bordellbaracke, mit zwanzig französischen und italienischen Prostituierten, sollte Abhilfe schaffen.

Bauleiter des Projektes Kehlstein war der Österreicher, Dipl. Ing. Hans Haupner. Zwei große Baufirmen, Polensky & Zöllner, Sager & Woerner, setzten ihre modernen technischen Geräte und ihr ganzes Können ein.

Reichsminister Dr. Fritz Todt, der an der Planung beteiligt war, versuchte, möglichst naturnahe bauen zu lassen. Es gab die Anweisung: „Vom Baumwuchs gilt zunächst, daß alles erhalten wird, was erhalten werden kann. Große Bäume, Wälder und Gehölze können nur in vielen Jahrzehnten erst wieder ersetzt werden; die Zwischenzeit geht leer aus. Die Voraussetzung für den Bewuchs ist der Mutterboden mit seiner Lebenskraft. Diesen von Baubeginn an restlos zu bergen und durch sachgemäße Lagerung unvermindert und ungeschwächt zu erhalten, ist ein wichtiger Teil der Bauaufgabe. Die Zeit ist heute reif, nach solcher Vollendung zu streben und ich fordere Sie daher auf: schaffen Sie mit".[79] Um die Trasse des Kehlsteins vor einer Straße zu bewahren, wurde ein prachtvoller Aufzug in den Berg getrieben, voller technischer Raffinesse. Ein riesiger Sicherheitszaun, zehn Kilometer lang, sollte den Berg schützen.

Die Detailplanung leistete Architekt Roderich Fick. Überall konnte sorgfältige Handarbeit eingesetzt werden. Untersberger Marmor, ein zweiflügeliges Bronzetor, Löwen als Türgriffe, von Hitlers Lieblingsbildhauer Arno Breker gearbeitet.[80] Das Dritte Reich entfaltete alle Pracht und Herrlichkeit. Hier nun stößt man wieder auf eine der großen Parado-

Seite 18:
Das Kehlsteinhaus in 1834 m Höhe

Der französische Botschafter François-Poncet in den Kolonnaden des Kehlsteinhauses

Zuverlässige Handwerker arbeiteten
bei jeder Witterungslage mit großer Eile.
Eine exponierte Baustelle war das Kehlsteinhaus.

Der österreichische Bauführer
Dipl. Ing. Hans Haupner

xien des Nationalsozialismus: Hitler, der Verursacher des größten Massenmordes der Geschichte, sorgte sich am Obersalzberg um jeden Baum, ließ Hunderte von Nistkästen und Futterplätze für Vögel anbringen, die mit Getreide aus der Ukraine gefüttert wurden, während die Menschen dort verhungerten.[81] Im Sommer 1938 war das Haus fertig. Die ganze Anlage soll fast 30 Millionen Reichsmark gekostet haben.

Nach Kriegsbeginn stand das Imponiergebäude Kehlsteinhaus mehr oder minder leer. Eva Braun, Hitlers Geliebte, fuhr gerne hinauf, um sich zu sonnen, es gab das eine oder andere Gelage. Festlicher ging es bei der Hochzeit von Grete Braun (der Schwester von Eva Braun) mit Himmlers Verbindungsoffizier bei Hitler, SS-Obersturmbannführer Hermann Fegelein, zu. Die Heirat fand am 3. Juni 1944 im berühmten Marmorsaal des Schlosses Mirabell in Salzburg statt. Bormann und Himmler waren Trauzeugen.[82] Das Hochzeitsfest ließ Eva Braun am Obersalzberg und im Kehlsteinhaus ausrichten.

Die Amerikaner vermuteten, daß unter dem Eagle's Nest ein großes Hauptquartier in den Berg gesprengt war, von dem aus Hitler das letzte Gefecht in der „Alpenfestung" leiten könnte. Der Besuch des Oberbefehlshabers der Westalliierten, General Dwight D. Eisenhower, auf dem unzerstörten Kehlsteinhaus besiegelte die nationalsozialistische deutsche Niederlage: die bedingungslose Kapitulation.

Festliche Hochzeitstafel von Grete Braun

General Dwight D. Eisenhower im unzerstörten Kehlsteinhaus

Leben im Berghof

Hitler gab sich am Berghof familiär. 1936 löste Eva Braun als inoffizielle Hausherrin Angela Raubal ab. Hitlers Geliebte war ein unkompliziertes, hübsches Mädchen, das gern tanzte, heimlich rauchte, Sport betrieb und gut angezogen war; vom Habitus her eine kleine Angestellte, die von der großen Welt träumte. Bei offiziellen Besuchen hielt Hitler sie versteckt.[83] Zum „Hofstaat" gehörten weiters Adjutanten, Sekretärinnen, Chauffeure, Ordonanzen, Haushälterinnen. Eine riesige Führerfahrkolonne stand stets bereit. Bewacht wurde der Obersalzberg von einem SS-Kommando, das 1944 eine Stärke von 2000 Mann hatte.[84] Dazu kam der Reichssicherheitsdienst, der die politische Kontrolle durchführte und verdächtige Personen aufspürte. Im Herbst 1944 klagte Bormann ausführlich über Mißstände und lasche Kommandoführung der SS.[85]

Albert Speer bringt in seinen Erinnerungen eine eindringliche Schilderung des Tagesablaufes im Berghof.[86] Der Nachtmensch Hitler erschien meist gegen 11 Uhr am Vormittag, dann begann der Tag mit einem ausgedehnten Mittagessen. Schließlich formierte sich der Zug zum Teehaus, begleitet von Hitlers Schäferhunden. Bei der Kaffeerunde verlor sich der monomanische Redner Hitler in endlosen Selbstgesprächen. Gelegentlich schlief er erschöpft ein, und die Gesellschaft mußte warten.

Am späten Nachmittag kehrte die Gruppe per Auto auf den Berghof zurück. Einige Stunden später begann die Zeremonie des Abendessens. In der Halle sah man sich hernach häufig einen Film an oder hörte Musik, Wagner oder Operetten. Anschließend hielt Hitler am Kamin Hof. Die Umgebung gähnte, mußte aber ausharren. Endlich, spät in der Nacht, ging Hitler zu Bett. Speer faßte seinen Eindruck in dem Satz zusammen: „Von dem gesellschaftlichen Leben auf dem Obersalzberg ist nur die Erinnerung einer merkwürdigen Leere geblieben".[87] Auch die Sekretärin Christa Schröder sprach vom „geistigen Leerlauf", von der „Gemütsödigkeit" in Hitlers Umgebung. „Was uns an Filmen vorgesetzt wird, ist uralt, blöd, ohne Geist".[88]

Hitlers endlose Monologe langweilten seine Zuhörer. Aber selbst hier, im engsten Kreis, vermied er es, konkret über die Juden zu reden.[89] Es war, als müßte er den Holocaust auch vor sich selbst verbergen.

Eingepaßt in eine großbürgerliche Lebenswelt, verlief der Silvestertag. Hitler und Bormann im Frack, die Damen im Abendkleid, festliches Essen. Zur mitternächtlichen Stunde nippte selbst der Antialkoholiker Hitler am Sektglas (für ihn war es Essigwasser). Danach begrüßte er die Berchtesgadener Weihnachtsschützen auf der Terrasse, die in diesen Tagen 25 Zentner Böllerpulver verfeuerten.[90]

Wenn Speer von der Leere des Lebens am Obersalzberg sprach, so erlebte der Reichspropagandaminister Joseph Goebbels einen ganz anderen Hitler. Wie ein Dynamo lud sich der Führer an seiner eigenen Rhetorik auf und gab die Kraft an seine glaubensbereiten Anhänger weiter.

Goebbels´ Tagebuch hält eine solche Begegnung fest.[91] Am 25. Juni 1943 - längst nach Stalingrad -

Hermann Göring mit seiner Frau Emmy.

fuhr der Propagandaminister auf den Obersalzberg. Aus dem bombengeplagten Berlin kommend, erlebte er auf der Fahrt von Salzburg her einen „fast unwirklich anmutenden Frieden. Hier merkt man vom Krieg nicht viel".[92] Wie in einer Friedensinsel spazierten die Kurgäste durch Berchtesgaden. Oben am Berg lag das Haus des Führers in einem Blumengarten. Ein gesundheitlich angeschlagener, aber höchst liebenswürdiger Hitler empfing seinen Paladin. Auf den Bericht über die zerstörten Städte des Ruhrgebietes reagierte der Führer mit ausschweifenden Bauphantasien. Pro Jahr will er eine Million Volkswagen für das deutsche Volk bereitstellen, die Städte neu und modern aufbauen.[93] Längst hatte Hitler jeden Kontakt zur Realität verloren, er floh in eine selbstkonstruierte Traumwelt. 1943, als das Nazi-Regime eine militärische Niederlage nach der anderen erlebte, bezeichnete Hitler die deutsche Situation als geradezu glänzend.[94] Das wirkte auf Goebbels, der notierte: „Ein Mensch, der so sicher auftritt und seine Sache eindeutig verficht, strahlt auch wieder Sicherheit und Klarheit aus. Und das ist beim Führer die Hauptsache. Niemand wird mit ihm eine längere Unterredung haben können, ohne gestärkt und wie neu aufgeladen wieder von ihm wegzugehen".[95] Zum Teehaus spazierend, versorgte Goebbels seinen dafür stets aufnahmebereiten Führer mit Kunstklatsch. Beim Abendessen brütete Hitler schweigend vor sich hin, während Goebbels Eva Braun, die sich wieder einmal langweilte, mit Literaturtips unterhielt. Spät am Abend, beim Kamingespräch, und von dem Wiener Gauleiter Baldur von Schirach gereizt,

Oben:
Eva Braun mit Hitler
Mitte:
Goebbels 1943, „... hier merkt man vom Krieg nicht viel"
Unten:
Spaziergang zum Teehaus, Hitler mit Speer

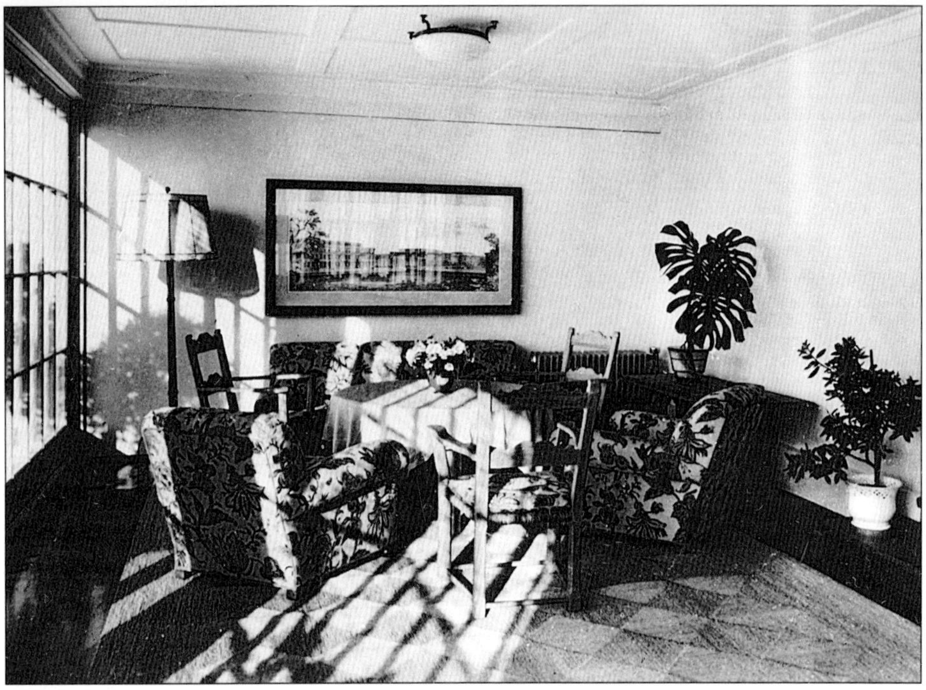

geriet Hitler in einen seiner Wutanfälle. Aggressiv und erregt, wie Goebbels festhält, ließ der österreichische Provinzbürger seinen ganzen Haß gegen Wien lostoben.[96] Wieder einmal packten ihn die sozialen Demütigungen, öffneten sich die Wunden, die er als junger Mensch in Wien erlitten hatte; seine Demütigungen als abgelehnter Kunststudent, als erfolgloser Außenseiter. Goebbels beendet seine Tagebucheintragung mit einem leidenschaftlichen Bekenntnis: „Wenn ich den Führer so mitten in der Nacht auf dem Obersalzberg beobachte, gebeugt unter der Last der Sorgen und der Verantwortung, so wird meine Liebe und Verehrung für ihn nur noch stärker. Er ist wirklich der Führer der Nation und trägt heute eine Last von Verantwortung, wie sie wohl niemals einem Staatsmann aufgebürdet worden ist".[97] Anders als Goebbels meinte, trug Hitler tatsächlich eine Verantwortung, die sich in die Geschichte des 20. Jahrhunderts eingebrannt hatte: die Verantwortung für die Qualen der Konzentrationslager und für Millionen Tote.

Erst am hellen Morgen verließ Goebbels den Obersalzberg.

Auch während des Krieges lebte Hitler monatelang auf dem Berghof; so 1943 und 1944. Das Führerhauptquartier übersiedelte dann mit, und rund um Berchtesgaden wimmelte es von Dienststellen. Hitlers Gesundheitszustand wurde von Jahr zu Jahr schlechter, deshalb zog es ihn auf den Berghof. Schwer medikamentenabhängig, oft in tiefe Depression versinkend, näherte er sich einem physischen und psychischen Wrack, das nur von Zeit zu Zeit in Phantasiewelten und Baupläne ausbrach, dann aber doch wieder seine alte Magie zurückgewann. Ende Mai 1944 begegnete der SS-Kommandant des Obersalzberges, Bernhard Frank, zufällig Hitler. Seine Schilderung dieser Begegnung wird durch viele andere Darstellungen bestätigt. Hitler näherte sich, wie immer mit einem graugrünen Rock und einer schwarzen Hose bekleidet, doch dem SS-Sturmbannführer blieb die militärische Meldung im Hals stecken. Der Anblick dieses Mannes ließ ihn erstarren. „Die Augen glasig, das Gesicht aufgedunsen, leichenfarbig bis grau, entstellende Tränensäcke, die Gestalt greisenhaft vorne übergebeugt, ein Arm zitternd wie bei einem Parkinson-Kranken".[98]

Der lange Aufenthalt Hitlers am Berg lenkte die Attentatspläne des militärischen Widerstandes auch auf den Obersalzberg. Am 11. März 1944 wurde Generalfeldmarschall Ernst Busch, Befehlshaber der Heeresgruppe Mitte, zum Vortrag auf den Obersalzberg befohlen. Sein persönlicher Ordonnanzoffizier, Rittmeister Eberhard von Breitenbuch, der zum Widerstandskreis gehörte, hatte ihn zu begleiten. Wie Breitenbuch von anderen Verschwörern nahegelegt wurde, habe er das Schicksal des Vaterlandes in der Hand, er könne mitentscheiden, ob das sinnlose Töten weitergehen sollte. Breitenbuch erklärte sich zur Tat bereit, lehnte aber ein Sprengstoffattentat ab, sondern wollte Hitler mit einem eingeschmuggelten Revolver erschießen. Am 11. März 1944, um 12.00 Uhr, war die Besprechung angesetzt. Doch Breitenbuch wurde der Eintritt in die Halle des Berghofes verweigert. Von der SS umgeben, mußte der Rittmeister im großen Vorzimmer warten, in der Hosentasche den entsicherten Revolver. Man kann sich seine flatternden Nerven vorstellen. Endlich kam Generalfeldmarschall Busch aus der Halle, und beide fuhren zum Abendessen nach Schloß Kleßheim bei Salzburg. Kurze Zeit später begleitete Breitenbuch noch einmal seinen Befehlshaber auf den Obersalzberg. Diesmal ohne Pistole. „So etwas macht man nur einmal", soll er begreiflicherweise gesagt haben.[99]

Einige Monate später kam das Haupt der militärischen Verschwörung, der schwerverwundete Claus Schenk Graf von Stauffenberg auf den Obersalzberg. Am 7. Juni 1944 nahm er an einer Sonderbesprechung mit Hitler teil. Sein Eindruck: ein geschminkter Göring, Hitler mit verschleierten Augen und zitternden Händen, die Atmosphäre insgesamt faulig und verrottet.[100]

Die Strategie des Widerstandes beruhte, wie wir wissen, auf der Ausnützung der bestehenden Befehlshierarchien. Der Plan „Walküre", gegen innere Unruhen gedacht, sollte als Hebel für eine Revolution von oben dienen und nach Hitlers

KEHLSTEINPANORAMA

RUNDBLICK VOM KÖNIGSSEE BIS SALZBURG

Kehlstein Panorama
from Koenigssee to Salzburg

The panorama can be detached by opening the staples!

Nach Öffnen der Klammern kann das Panorama herausgetrennt werden!

9548 Kehlstein
M-RV 3911

WESTLICHES PANORAMA VOM KÖNIGSSEE BIS ZUM KEHLSTEINHAUS

Western panorama from Koenigssee to Kehlsteinhaus

ÖSTLICHES PANORAMA VOM KEHLSTEINHAUS BIS SALZBURG MIT DEM OBERSALZBERGGEBIET

Eastern panorama from Kehlsteinhaus to Salzburg with Obersalzberg area

el (1782 m)

WESTLICHES PANORAMA VOM KÖNIGSSEE BIS ZUM KEHLSTEINHAUS

Western panorama from Koenigssee to Kehlsteinhaus

ÖSTLICHES PANORAMA VOM KEHLSTEINHAUS BIS SALZBURG MIT DEM OBERSALZBERGGEBIET

Eastern panorama from Kehlsteinhaus to Salzburg with Obersalzberg area

Gaisberg
Zinkenkopf (1336 m)
Hallein
Oberau
Buchenhöhe
Klaushöhe

NOT TO BE TAKEN INTO THE AIR

Date 5th October 1944

TARGET INFORMATION SHEET

GERMANY

Op. No. GN 3770	Place BERCHTESGADEN Nr. SALZBURG	Lat. : 47° 37' N
A.M. No. 3(k)20	Category LAND ARMAMENTS	Long. : 13° 02' E
D.T.M. No. -	Sub-catgy. Military Establishments	Alt. : 6,050 ft. Target A 3,200 ft. Target B

ALL PREVIOUS INFORMATION SHEETS AND AMENDMENTS THERETO ARE CANCELLED.

TARGET MAP

STANDARD 1941 (MAGNETIC) TYPE MAP DATED JULY 1944.

DESCRIPTION

(i) The TARGET comprises a complex of two individual targets as follows:-

A. The EAGLE'S NEST on the OBER KEHL ALP

B. WACHENFELS at the village of OBER SALZBURG.

Target A is 2 miles S.E. of BERCHTESGADEN, 13 miles S. of SALZBURG

Target B is 2 miles E. of BERCHTESGADEN, and 12 miles S. of SALZBURG Both targets are situated in a remote part of the mountainous country lying to the S. of Salzburg. Target A is situated on the extreme top of the Ober Kehl Alp, which is a spur 6,000 ft. high running N.W. from 8,300 ft. high Hoher Goll, which forms the frontier between Germany and Austria. Further S. still, beyond the 6 mile long lake of the Königs-See, is the 8,800 ft. range of the Steinernes Meer.

Neither target is adjacent to any built up area, but to the E. of Target B are several hutted camps.

(ii) Target A, sometimes also known as the "Tea-House", was built by Hitler as an observation post and place of entertainment for guests. It is stated to be inaccessible from the outside, and a considerable part of the building is believed to be buried in the top of the mountain. The approach to the Eagle's Nest is by way of a road (not shown on the G.S.G.S.100,000 scale map) which leads to a point on the mountain side from which a tunnel is driven in to the mountain to a point immediately below the Eagle's Nest itself. From this point a lift rises some 400 ft. to the Eagle's Nest. The building contains kitchens, sitting-rooms etc., but before the war was not normally used as a place of residence. Outside the building, which has six large windows, is a broad covered stone balcony, from which views of the Hoher Göll and the Königs See can be obtained.

Target B is an area containing the Führer's residence, Wachenfels. The area is approached by a winding road from Berchtesgaden and includes extensive barracks and other buildings for guards and servants. The actual Haus Wachenfels is the building marked 1 on illus. 3(k)20/4.

(iii) Target A (See illus. 3(k)20/2) is an extremely small objective apparently measuring about 17 yds. square.

Target B (See illus. 3(k)20/4) is about 915 x 415 yds. with the major axis in an E.N.E. direction. It contains 6 principal groups of buildings of which Nos. 1-3 are residential and No. 1 is the Führer's residence. Nos. 4-6 are respectively a hospital, a garage and a group of S.S. barracks. The area is evidently closely guarded, and some parts of it are surrounded by a substantial wall.

Information is not at present available regarding detailed particulars of Obstructions to low flying attacks in the area of this target complex, and rather than delay the issue of this Information Sheet, this data is being omitted for the present. If this information is required for this particular target, it will be obtained and supplied at short notice on application to A.I.3c(1)

/Attention

Tötung das oppositionelle Militär in die entscheidenden Machtpositionen hieven. Mit der Ernennung Stauffenbergs zum Chef des Stabs beim Befehlshaber des Ersatzheeres kam dieser in eine Position, die eine häufigere Begegnung mit Hitler möglich machte. Am 6. Juli 1944 war der spätere Attentäter wieder am Berghof. Er hatte Sprengstoff bei sich, aber es ist unklar, ob er damals einen Anschlag plante. Einige Tage später, am 11. Juli 1944, flog Stauffenberg neuerdings nach Berchtesgaden. Weil Heinrich Himmler fehlte, unterblieb die Zündung des Sprengstoffes.[101] Am 14. Juli 1944 verließ Hitler für immer den Obersalzberg.[102]

Die Bombe zündete Stauffenberg am 20. Juli in der Wolfschanze in Ostpreußen. Hitler wurde nur leicht verletzt und richtete seine ganze Brutalität gegen den zivilen und militärischen Widerstand.

Seite 24: Wintergarten im Haus Wachenfeld.

Das zerstörte Lagezimmer der Wolfschanze, 20. Juli 1944.

Zentrum großer Politik

Bereits 1933 wurde in Ainring der Regierungsflughafen Bad Reichenhall-Berchtesgaden eröffnet, von dort beförderten Autos dann die Staatsmänner auf den Obersalzberg.[103] Die freundliche Seite kehrte Hitler beim Besuch des ehemaligen britischen Premierministers Lloyd George, am 3. September 1936, hervor. Es muß schon ein besonderes Triumphgefühl gewesen sein, als der Gefreite der im Ersten Weltkrieg besiegten Armee dem Sieger begegnete, der nun wortreich den Nationalsozialismus lobte: die Beseitigung der Arbeitslosigkeit, die sozialen Fürsorgemaßnahmen, die Freizeitgestaltung der Deutschen Arbeitsfront. Daß Hitler das System Versailles langsam zerstörte und dem Zweiten Weltkrieg zusteuerte, ging bei dem Gespräch unter. Beeindruckt stand der weißhaarige Lloyd George vor dem großen Fenster im Berghof. „Was für einen herrlichen Platz haben Sie sich für ihre Mußestunden hier oben auf dem Obersalzberg ausgesucht".[104] Bei seiner Rückkehr nach Berchtesgaden grüßte seine Tochter ihn scherzhaft mit „Heil Hitler", und George entgegnete: „Jawohl, Heil Hitler, das sage ich auch, denn er ist wirklich ein großer Mann!"[105] In England schrieb George über seine Reise: „Was Hitlers Volkstümlichkeit, besonders unter der Jugend betrifft, so kann darüber nicht der geringste Zweifel bestehen. Die Alten vertrauen ihm, die Jungen vergöttern ihn! Es ist nicht die Bewunderung, die einem volkstümlichen Führer zuteil wird; es ist die Verehrung eines Nationalhelden, der sein Volk von äußerster Verzweiflung und Erniedrigung gerettet hat."[106] Die andere, die brutale Seite zeigte Hitler beim Besuch des österreichischen Bundeskanzlers Kurt Schuschnigg am 12. Februar 1938. Hier stand nicht nostalgisch der ehemalige Gefreite dem siegreichen Kriegspremier gegenüber, sondern der Diktator eines waffenstarrenden großen Landes dem autoritären Kanzler eines kleinen, von Krisen geschüttelten Landes, das - wie Hitler meinte - so oder so dem Nationalsozialismus anheimfallen werde. Der österreichische Bundeskanzler seinerseits wollte die Zeit nutzen und durch seinen Besuch am Obersalzberg einen gewissen politischen Spielraum und einen modus vivendi erreichen. Das scheiterte ganz und gar.

Hitler lieferte eine große theatralische Inszenierung, bei der der Berghof als Schauplatz geschickt eingesetzt wurde. Das Spiel begann

mit dem Aviso an die Österreicher, sie dürfen nicht vor 11.00 Uhr am Berghof eintreffen. Dann folgte das Vorspiel, der Empfang der Gäste durch den deutschen Botschafter in Österreich Franz von Papen an der Grenze. Der sprach von Hitlers guter Laune und erwähnte nebenbei, daß „zufällig" auch drei Generäle am Berghof anwesend seien, u.a. der neuernannte Chef des Oberkommandos der Wehrmacht, General Wilhelm Keitel. Dieser Zufall gehörte selbstverständlich zur Inszenierung, und die Generäle werden im Laufe des Spieles eine stumme, dennoch bedeutsame Rolle übernehmen.[107] Bei der neuerbauten Straße vor dem Ortseingang von Berchtesgaden stiegen Schuschnigg und sein Staatssekretär Guido Schmidt in einen Raupenschlepper um. Vorbei an SS-Baracken, vollbesetzt mit neugierigen Gesichtern, fuhren sie gegen den Berghof.

Dieses Entree enthielt bereits eine weitere Pointe: Die SS-Wachmannschaft bestand fast durchwegs aus Österreichern, illegalen Nationalsozialisten, die wegen Verhaftungsgefahr ins „Reich" geflohen waren; eine gezielte Demütigung des österreichischen Kanzlers.[108]

Hitler im braunen Parteirock mit langer schwarzer Hose, begleitet von den drei bulligen Generälen, begrüßte Schuschnigg auf den Stufen seines Hauses. Dann geleitete er seinen Gast ins Arbeitszimmer im ersten Stock. Der nervöse, kettenrauchende Schuschnigg, der schließlich um das Lebensschicksal seines Landes verhandelte, durfte nicht rauchen. Ein neuer Schlag. Schuschnigg begann zunächst ein harmloses Salongespräch, mit der respektvollen Anrede „Herr Reichskanzler". Hitler unterbrach ihn abrupt, kam sofort zur Sache und demütigte den hierarchiegewohnten österreichischen Kanzler mit der konsequenten Anrede „Herr Schuschnigg". Der in seinem Herzen monarchistisch gesinnte Österreicher mußte nun Hitlers Haßausbruch gegen das alte Österreich anhören: ununterbrochener Volksverrat, geschichtlicher Wahnsinn, nationale Unverläßlichkeit... Dann verkündete Hitler direkt: „Ich habe einen geschichtlichen Auftrag, und den werde ich erfüllen, weil mich die Vorsehung dazu bestimmt hat... Wer nicht mittut, kommt unter die Räder".[109] Diese allgemeine Drohung wird mit einer konkreten militärischen Drohung verstärkt: Wie ein Frühlingssturm werde er eines Tages in Wien sein und den lächerlichen österreichischen Grenzschutz verblasen.

Auf Schuschniggs schüchternen Einwand, das bedeute Krieg, schaltete Hitler plötzlich auf Sentimentalität. Wolle Schuschnigg für solch eine Unsumme von Leid und Blut die Verantwortung übernehmen? Hitler setzte dann die Tendenz fort, Schuschnigg die Verantwortung zuzuspielen. „Und draußen vor dem Fenster sind Hunderte und aber Hunderte von Österreichern vorübergezogen, Männer, Frauen und Kinder, verhungert und abgerissen; das Elend hat man ihnen angesehen. Und sie sind alle nur gekommen, um mich zu sehen, um mich als den Erlöser anzuflehen, daß ich sie endlich rette."[110]

Zwei Stunden dauerte das erste Gespräch, dann ging es zum Mittagessen. Gelöst und heiter plauderte Hitler von seinen Bauplänen. Hierauf mußten Schuschnigg und seine Begleitung wie Schulbuben zwei Stunden warten. Hitler hatte sich zurückgezogen. Schließlich kam Reichsaußenminister von Ribbentrop mit einem Papier, das die vollständige Unterwerfung Österreichs unter die deutsche Politik enthielt, beispielsweise sollte das Innen- und Sicherheitsressort von einem Nationalsozialisten besetzt werden. Nach einigen Stunden der Verhandlung wurde Schuschnigg neuerdings zu Hitler bestellt. Unmittelbar kam der Befehl: „Ich ändere keinen Beistrich. Sie haben entweder zu unterschreiben, oder alles Weitere ist zwecklos ...".[111] Als sich Schuschnigg weigerte und Zeit zu gewinnen suchte, rief der erregte Hitler demonstrativ nach General Keitel und schickte Schuschnigg hinaus. Jetzt fürchteten die Österreicher, sofort festgenommen zu werden. Das war der Höhepunkt des Dramas; der stumme Auftritt des Militärs, der die Österreicher weichmachen sollte.

Nach einer halben Stunde durfte der österreichische Kanzler wieder zu Hitler. Der zeigte sich nun großmütig und gab der österreichischen Seite drei Tage Zeit, der glatten Erpressung nachzukommen.[112]

Tief deprimiert fuhr Schuschnigg durch ein müdes, düstergraues Winterland heimwärts nach Salzburg. Ein Monat später gehörte Österreich zum Deutschen Reich, ein weiterer Triumph Hitlers. Sein Einzug in Österreich war von einem unbeschreiblichen Massenjubel begleitet.

Zwischen 1936 und 1941 kamen sie alle: die Könige, Prinzen, Ministerpräsidenten, Außenminister, Botschafter, Bischöfe, die Diktatoren der unter deutschem Einfluß stehenden Satellitenstaaten. Im September 1938 wurde zwischen Hitler und dem britischen Premierminister Neville Chamberlain am Berghof wegen der Sudetenkrise um Krieg und Frieden gerungen.[113] Im Berghof unterzeichnete Hitler die Vollmacht für den Nichtangriffsvertrag mit der Sowjetunion (Hitler-Stalin-Pakt).[114]

Ab 1942 gab es dann die jährliche „Salzburger Saison": Die Führer der verbündeten Staaten wurden jeweils im Frühling nach Schloß Kleßheim zitiert, wo sie Hitler auf den „totalen Krieg" einzuschwören suchte. Als ein Beispiel sei das Gespräch zwischen Hitler und dem un-

David Lloyd George 1936

garischen Reichsverweser Admiral Horthy am 16. und 17. April 1943 herangezogen.[115] Hitler hielt eine lange Tirade über den Kampf gegen den Bolschewismus. Dieser Riesenkampf könne noch Jahrzehnte dauern, aber er müsse jetzt im Interesse Europas geführt werden.[116] Dann wechselte Hitler das Gesprächsthema und erhob vehemente Vorwürfe gegen die ungarische Politik und Armeeführung. Das Grundübel, so Hitler, sei die projüdische Einstellung in Ungarn. Deutschland sei gefestigt, weil es seine Juden in den Osten verschickt habe; nur so könne eine innere Zersetzung, wie im Ersten Weltkrieg, verhindert werden. Dann steigerte sich Hitler in seinen pathologischen Rassenwahn: „Warum sollten auch die Juden mit Glacéhandschuhen angefaßt werden? Schließlich wären sie es doch gewesen, die den Weltkrieg angezettelt hatten und daher verantwort-

lich für die Millionen von Opfern seien, die er gekostet habe... Auch für den jetzigen Krieg und die Form, die er angenommen habe, seien sie verantwortlich..."[117]

Als Horthy im Verlauf des Gespräches entgegnete: Es gäbe unter den getauften Juden viele wertvolle Menschen. Er habe alles getan, was man anständigerweise gegen die Juden unternehmen könne, schließlich könne er sie ja nicht alle ermorden. In diesem Augenblick gelangte das Gespräch an einen kritischen Punkt. 1943, als der deutsche Genocid an den Juden voll im Gang war, wollte Hitler zunächst nicht darüber reden. Er lenkte sofort ein. Die Juden zu töten, sei gar nicht notwendig, meinte er, es reiche, sie in Konzentrationslagern unterzubringen. „Wenn von Ermordung der Juden gesprochen würde, so müsse er (der Führer) feststellen, daß nur einer morde, nämlich der Jude, der die Kriege

Seite 28 oben: Hitler zum österreichischen Bundeskanzler Kurt Schuschnigg 1938, „... wer nicht mittut, kommt unter die Räder".

Unten: Ankunft des Herzogspaares von Windsor

Rechts der britische Premierminister Arthur Neville Chamberlain

Unten: König Boris III. von Bulgarien, 1943. Spalier der Waffen-SS vor dem Berghofeingang.

Empfang des französischen Ministerpräsidenten Pierre Laval

anzettele und ihnen durch seinen Einfluß seinen jetzigen, gegen Zivilisten, Frauen und Kinder gerichteten Charakter gegeben habe".[118]

Am nächsten Tag kam das Gespräch wieder auf die Juden. Als Horthy neuerdings betonte, er habe den Juden so ziemlich alle Lebensmöglichkeiten entzogen, schließlich könne er sie doch nicht erschlagen, ließ Reichsaußenminister Ribbentrop in Anwesenheit Hitlers einen Augenblick die Maske fallen. Er erklärte, „daß die Juden entweder vernichtet oder in Konzentrationslager gebracht werden müßten".[119] Hitler ließ sich hinreißen und stimmte sofort zu. Das war einer der wenigen Momente, wo Hitler relativ offen sprach. „Wo die Juden sich selbst überlassen wären, wie z.B. in Polen, herrsche grausamstes Elend und Verkommenheit. Sie seien eben reine Parasiten. Mit diesen Zuständen habe man in Polen gründlich aufgeräumt. Wenn die Juden dort nicht arbeiten wollten, würden sie erschossen. Wenn sie nicht arbeiten könnten, müßten sie verkommen. Sie wären wie Tuberkelbazillen zu behandeln, an denen sich ein gesunder Körper anstecken könne. Das wäre nicht grausam, wenn man bedenke, daß sogar unschuldige Naturgeschöpfe wie Hasen und Rehe getötet werden müßten, damit kein Schaden entstehe."[120]

So sprach, in dieser „Maskerade des Bösen", der deutsche Volkskanzler, der Naturliebhaber und Tierfreund Adolf Hitler!

Der Holocaust wurde als naturnotwendig und sittlich „gut" seinem Gesprächspartner angepriesen.

Hitler, v. Ribbentrop und Graf Ciano am großen Fenster des Berghofes. Darunter im Gespräch mit Mussolini 1942.

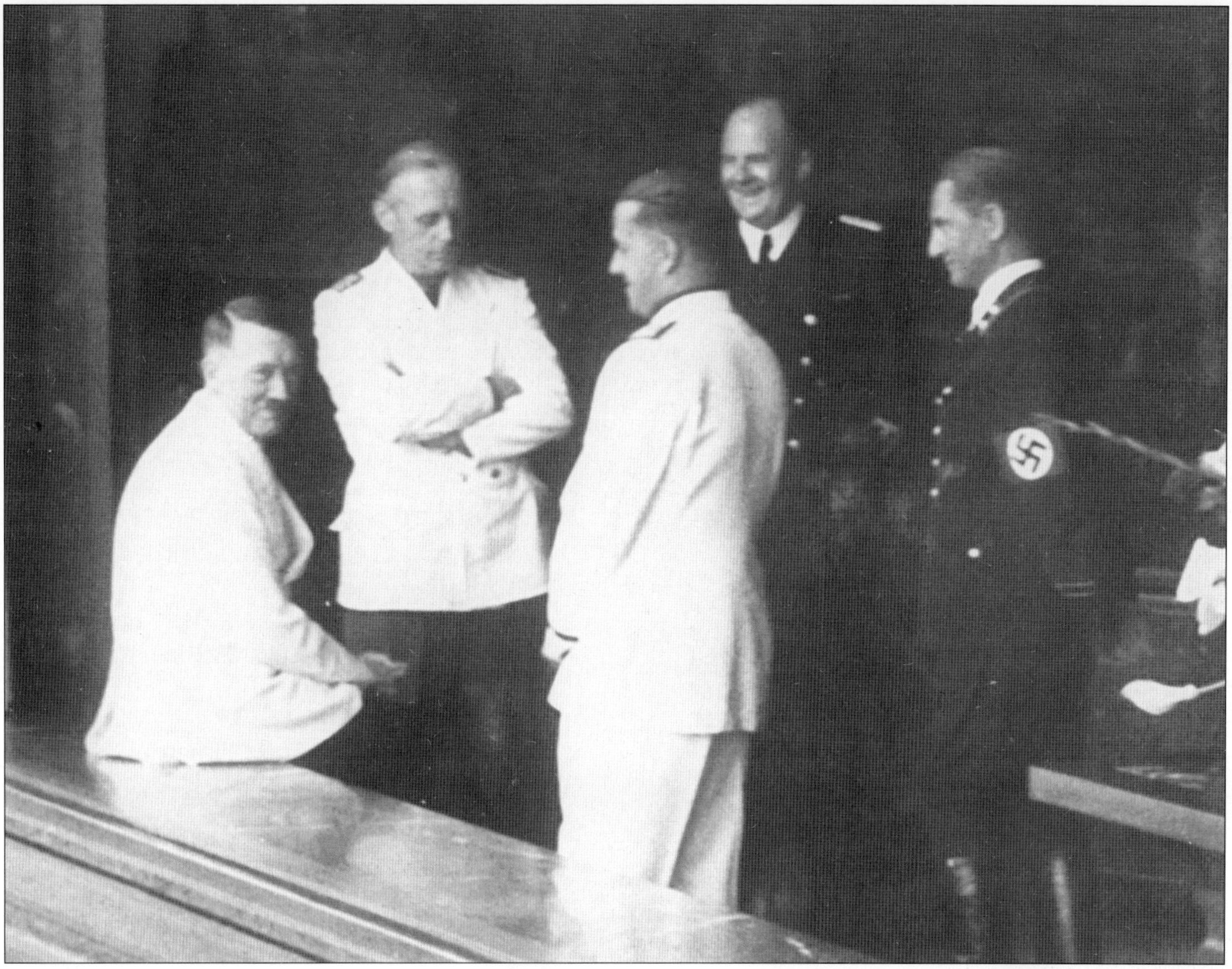

Staatsbesuche am Obersalzberg u

03.09.1936	Lloyd George
20.10.1937	Aga Khan
22.10.1937	Herzog und Herzogin von Windsor
24.10.1936	Italienischer Außenminister Graf Ciano
19.11.1937	Englischer Außenminister Lord Halifax
12.02.1938	Österreichischer Bundeskanzler Kurt v. Schuschnigg
15./16.09. 1938	Neville Chamberlain, englischer Premierminister
01.11.1938	Kronprinz Umberto von Italien
21.11.1938	Botschafter Oshima/Japan, Davignon/ Belgien, Lü-Y-Wen/Mandschuko, Ficho/ Albanien, Desprandel/Dominikanische Republik
24.11.1938	König Carol von Rumänien
06.01.1939	Polnischer Außenminister Oberst Beck
12./13.08. 1939	Italienischer Außenminister Graf Ciano
23.08.1939	Englischer Botschafter Henderson
26.07.1940	Rumänischer Ministerpräsident Ion Gigurtu Rumänischer Außenminister Mihai Manoilescu
27.07.1940	Bulgarischer Ministerpräsident Bogdan Filoff Bulgarischer Außenminister Ivan Vladimir Popoff
28.07.1940	Slowakischer Staatspräsident Josef Tiso Slowakischer Ministerpräsident Adalbert Tuka Slowakischer Innenminister Alexander Mach
28.08.1940	Italienischer Außenminister Graf Ciano
17.10.1940	Maria José, Gattin des italienischen Kronprinzen Umberto
18.11.1940	Spanischer Außenminister Serrano Suner
18.11.1940	Italienischer Außenminister Graf Ciano
17./18.11. 1940	König Boris von Bulgarien
19.11.1940	König Leopold III. von Belgien
29.11.1940	Jugoslawischer Außenminister Cincar-Markovič
04.01.1941	Bulgarischer Ministerpräsident Bogdan Filoff
14.01.1941	Rumänischer Ministerpräsident General Antonescu
19.01.1941	Mussolini und Außenminister Graf Ciano
14.02.1941	Jugoslawischer Ministerpräsident Cvetkovič
28.02.1941	Japanischer Botschafter General Oshima
04.03.1941	Prinzregent Paul von Jugoslawien
11.05.1941	Admiral Darlan
23.05.1941	John Cudahy, USA-Botschafter in Brüssel 1940/41
06.06.1941	Kroatischer Staatsführer Ante Pavelič

Schloß Kleßheim

im Schloß Kleßheim bei Salzburg

29./30.05. 1942	In Schloß Kleßheim und am Obersalzberg: Mussolini und Außenminister Graf Ciano
12./13.04. 1943	Schloß Kleßheim: Rumänischer Staatschef Marschall Antonescu
16./17.04. 1943	Schloß Kleßheim: Ungarischer Reichsverweser Admiral Horthy
22.04.1943	Schloß Kleßheim: Slowakischer Staatsprädisent Tiso Slowakischer Ministerpräsident Tuka
27.04.1943	Schloß Kleßheim: Kroatischer Staatsführer Ante Pavelič Außenminister Dr. Budak, Staatsminister Lorkovič
03.05.1943	Französischer Ministerpräsident Pierre Laval
26./27.02. 1944	Schloß Kleßheim: Rumänischer Staatschef Marschall Antonescu
01.03.1944	Schloß Kleßheim: Kroatischer Ministerpräsident Mandič Außenminister Perič
16./17.03. 1944	Schloß Kleßheim: Prinz Cyrill von Bulgarien
23./24.03. 1944	Schloß Kleßheim: Rumänischer Staatschef Marschall Antonescu
22./23.04. 1944	Schloß Kleßheim: Mussolini
12.05.1944	Schloß Kleßheim: Slowakischer Staatspräsident Tiso, Slowakischer Ministerpräsident Tuka
27.05.1944	Schloß Kleßheim: Ungarischer Ministerpräsident Sztójay
27.05.1944	Japanischer Botschafter General Oshima

Quelle: zusammengestellt von Hellmut Schöner, in: Das Berchtesgadener Land im Wandel der Zeit, Ergänzungsband I, Berchtesgaden 1982, 383-390.

Große Halle im Berghof

Verabschiedung auf der Berghoftreppe

Mussolini, Januar 1941

Das Ende der Herrschaft

Im Laufe des Jahres 1943 begannen die massiven alliierten Bombardierungen der deutschen Städte. Nun war auch der Obersalzberg gefährdet. Die NS-Herrschaft wühlte sich in den Berg. Die Herrschaft am Berg sollte zur Herrschaft im Berg werden. „In nimmermüder Tätigkeit", so Himmler, müsse der Flakschutz ausgebaut und Luftschutzstollen gegraben werden.[121] Von meist ausländischen Arbeitern (Italiener und Tschechen) gebaut, durchzog ein weitreichendes Stollensystem, drei bis vier Kilometer lang, den Berg.[122] Für den Luxus wie für die Notfälle sorgte eine hochentwickelte technische Raffinesse. Wie in einem erstklassigen Hotel gab es alles: Zimmer, Bäder, Teppiche, Kronleuchter, Polstermöbel, riesige Mengen von Wein, Schnäpsen, Schokolade ...[123] Die Sicherheitsmaßnahmen wurden vom Reichsicherheitsdienst radikal verschärft. Jeder mußte genau überprüft werden, auch die Reichsminister, Gauleiter und SS-Obergruppenführer.[124]

Rund um den Obersalzberg bauten SS-Einheiten den Flakschutz aus. Allein am Roßfeld sollen 500 Männer der Waffen-SS postiert gewesen sein.[125] Nebelabteilungen versuchten die Sicht der feindlichen Flugzeuge zu behindern. Teilweise wurde die SS-Mannschaft dann vom Reichsarbeitsdienst (RAD) und SS-Maiden abgelöst.[126]

Trotz dieser massiven Abwehrmaßnahmen bleibt die Frage berechtigt: Warum haben die Alliierten den Obersalzberg nicht früher angegriffen? Peter Hoffmann hat versucht, aus den alliierten Quellen eine Antwort zu finden. Es gab frühe Pläne, den Obersalzberg zu bombardieren. Sie alle wurden verworfen: Wegen

Die NS-Führung vergräbt sich im Berg. 1943 entstanden Luftschutzbunker im Obersalzberg

„... wie in einem erstklassigen Hotel gab es alles: Zimmer, Bäder, ... riesige Mengen von Wein, Schnäpsen, Schokolade..."

der schlechten Bedingungen durch die Gebirgslage, der Kleinheit der Ziele, weil man nie genau wußte, wann Hitler tatsächlich am Berg lebte, wegen der Gefahr der politischen Blamage und letztlich: weil man Hitler lebendig haben wollte; ein im Kampf gefallener Führer würde in eine Märtyrerrolle hineinwachsen - das wollte man verhindern.[127]

Die Hybris der Herrschaft Hitlers scheiterte; scheiterte so radikal, so einmalig, wie kein anderes historisches Regime je gescheitert war. (Die Bilanz des Zweiten Weltkrieges zeigt 60 Millionen Tote an.) Der Plan der Alpenfestung, eine militärische Befestigung von Berchtesgaden bis weit ins Tirolerische hinein, war eine Fiktion, an welche die Alliierten mehr glaubten als die deutsche Wehrmacht.[129] Immerhin, der Obersalzberg war ein Eckpfeiler der Fiktion Alpenfestung, und die Gefahr war real, daß Hitler den Endkampf von Berchtesgaden aus führen könnte. Tatsächlich überlegte Hitler im März/April 1945 eine Zeitlang, sich auf den Obersalzberg zurückzuziehen.[129]

Ein Teil des Stabes, zirka 80 Personen, war bereits auf den Berg übersiedelt. Dann aber beschloß er, in Berlin zu bleiben. „Ich würde es aber für tausendmal feiger halten", sagte er, „am Obersalzberg einen Selbstmord zu begehen als hier zu stehen und zu fallen. Man soll nicht sagen: Sie als Führer ... Der Führer bin ich, solang ich wirklich führen kann. Führen kann ich nicht dadurch, daß ich mich irgendwo auf einen Berg setze ... Nur um meinen Berghof allein zu verteidigen, dazu bin ich nicht auf die Welt gekommen."[130]

Dann kam der Dies irae, der Tag des Zornes über den Obersalzberg, der 25. April 1945. In zwei Wellen flogen 275 britische R.A.F. Lancasters und Mosquitos und 98 Mustangs der 8. US Air Force den Angriff; sie warfen 1232 Tonnen Bomben ab.[131] Es war ein strahlend blau-

er Frühlingstag, als sich der Berg des (falschen) Heiles in den Berg des Todes verwandelte. Ein Großteil der Anlagen wurde zerstört. Nur das Kehlsteinhaus blieb unbeschädigt. Dank der Stollensysteme gab es am Obersalzberg selbst nur wenige Tote, laut „Berchtesgadener Anzeiger" vom 30. April 1945 waren es insgesamt 31 Opfer.[132]

Nach dem 25. April 1945: Der Berghof und die Kasernenanlagen nach dem Angriff der Alliierten. Sie warfen 1232 Tonnen Bomben ab.

Am 25. April 1945 notierte Martin Bormann in Berlin lapidar in seinem Notizblock: „Göring aus Partei ausgestoßen! Erster Großangriff auf den Obersalzberg. Berlin eingeschlossen!"[133]

Das Drama der Götterdämmerung des Dritten Reiches entwickelte am Obersalzberg seine eigene Groteske. Reichsmarschall Hermann Göring, der zweite Mann, zum Nachfolger Hitlers auserwählt, längst jedoch sowohl bei Hitler als auch in der Öffentlichkeit im Ansehen gesunken, das Ziel unzähliger Witze. Hermann Göring war am 21. April 1945 in sein Haus am Obersalzberg gekommen. Berlin stand kurz vor der totalen Einschließung durch die sowjetische Armee. Nun sah Göring, eitel wie immer, geschminkt und in weißseidener Uniform, seine Stunde gekommen. Er schickte ein Fernschreiben an Hitler, in dem er ankündigt, mit Einverständnis des Führers die Gesamtführung des Reiches zu übernehmen. Er wollte zu General Eisenhower fliegen, um Verhandlungen über einen Waffenstillstand zu führen. In der Reichskanzlei in Berlin aber setzte sich noch einmal Bormann durch. Er veranlaßte bei Hitler den Parteiausschluß von Göring und seine Verhaftung wegen Hoch- und Landesverrat. Am 23. April 1945 wurde der diesbezügliche Funkspruch an den Kommandanten des Obersalzberges, SS-Obersturmbannführer Bernhard Frank, abgesetzt. Der freilich war in einer sehr heiklen Situation. Er wählte den Ausweg einer Ehrenhaft Görings.[134] Ebenfalls verhaftet wurde der Chef der Reichskanzlei Hans-Heinrich Lammers.[135] Göring überlebte den Luftangriff vom 25. April 1945 in seinem Stollen und wurde in SS-Begleitung am 27. April in sein Schloß nach Mauterndorf im Salzburgischen Lungau abtransportiert.

Jetzt ging es um das Schicksal von Berchtesgaden, wohin sich eine große Zahl von Parteigranden und Militärführern geflüchtet hatten. Zwei Gegenspieler agierten. Der eine war Kreisleiter Stredele, ein nationalsozialistischer Fanatiker und Endkämpfer, der andere war Landrat Theodor Jacob, gemäßigt und vernünftig, der primär den Ort und die Menschen vor der Zerstörung bewahren wollte. Das war nicht ohne Gefahr. In den letzten Tagen des NS-Regimes drohte an allen Ecken und Enden noch der Tod. Schließlich setzte sich Jacob durch. Er ließ am 4. Mai 1945 ein Flugblatt drucken, das die kampflose Übergabe von Berchtesgaden ankündigte. Im Einvernehmen mit dem Betriebsleiter der Arge Obersalzberg Ing. Grethlein und wohl auch mit dem SS-Kommandanten Frank, fuhr Jacob den amerikanischen Truppen bis Hallthurm entgegen und übergab den Landkreis. Kreisleiter Stredele und die SS-Truppen waren in die Berge entflohen.[136]

Theodor Jacob

Die Eroberung des Obersalzberges war ein Prestigeunternehmen erster Güte. So ist es kein Wunder, daß amerikanische wie französische Truppen den Ruhm in Anspruch nehmen, zuerst oben gewesen zu sein. Fest steht, daß beide Truppenteile am 4. Mai den Obersalzberg erreichten. Da das Gebiet einigermaßen umfangreich ist, läßt sich aus den Meldungen nicht eindeutig entnehmen, wer zuerst wo war.[137]

Der Zusammenbruch der NS-Herrschaft in Berchtesgaden zeitigte Bilder wie fast überall: Selbstmorde überzeugter Nationalsozialisten, Morde der Besatzungstruppen, weitreichende Plünderungen der Einheimischen und der siegreichen Truppen, Vergewaltigungen ... Ebenfalls zum üblichen Bild gehörte, daß nach dem 4. Mai 1945 auf einmal mehr Antifaschisten als Nationalsozialisten vorhanden waren.

Der Untergang des Obersalzberges schien vollendet. Doch die Kraft des Lebens setzte sich wieder durch. Nach und nach begann der Berg neu zu leben. 1952 wurde die Ruine des Berghofes gesprengt, der Ort unsichtbar gemacht. Doch die Erinnerung bleibt, und der Obersalzberg wird mit dieser Erinnerung leben müssen.

Kampflose Übergabe Berchtesgadens in Winkl

Amerikanische Panzer am Ortseingang von Berchtesgaden

Häuserverzeichnis vom Obersalzberg mit Angabe des Zustandes nach dem Luftangriff vom 25. April 1945

Obersalzberg / Berchtesgaden

vor 1933 (Name von letztem Besitzer)	**1933 – 1945**	**nach 1945**
1. Scheberlehen (Walch Johann)	abgerissen	Golfplatz US-Streitkräfte Sky-Top US-Streitkräfte
2. Fichtenhäusl (Rasp Franz)	abgerissen	
3. Mooslehen (Rasp Franz)	abgerissen	
4. Beim Breiler (Angerer Thomas)	abgerissen	
5. In der Brandstatt (Irlinger Josef – Hölzl Anton)	abgerissen	
5a. Obertallehen (Irlinger Jakob)	abgerissen	
6. Sonnen-Köpfl (Cornelius Maria)	abgerissen	
7. Weissenlehen (Kastner Elise – Bechstein Edwin)	abgerissen **12.** Gutshof	Ausbau Gutshof Erholungsgebiet der US-Streitkräfte
8. Villa Bechstein (Bechstein Edwin)	**1.** Ausbau als Unterkunft für Besuche: Parteigrößen/Goebbels/Mussolini	1945 zerstört
9. Freiding (Rasp Michael – Emilie v. Liegnitz)	abgerissen	
10. Unterwurf (Geheimrat Schmidtlein Maria)	Ausbau f. Verwaltung	1945 zerstört
11. Mitterwurf (Schwarz Bruno)	abgerissen	
12. Oberwurf (Hölzl Josef)	abgerissen	
13. Vordereck, Forsthaus	abgerissen	
14. Priv. Haus (Dr. Seitz Richard)	**2.** Bormann Haus	1945 zerstört
Eckerbichl (Grund vom Vordereck, Forstamt)	**3.** Haus Göring mit Schwimmbad 1933 Bau	1945 zerstört
15. Kindersanatorium (Dr. Seitz Richard) mit Kapelle	abgerissen **4.** Gewächshaus Bau	1945 zerstört
16. Stallungen (Dr. Seitz Richard)	abgerissen	
17. Gasthof Hintereck (Kurz Peter)	abgerissen	
18. Hinterecklehen (Hölzl Johann)	abgerissen **5.** Adjudantur Bau **6.** Wohnungen für Angestellte, Bau	erhalten
19. Feuerwehrhaus	abgerissen	später Abfahrtsstelle Kehlsteinhaus
20. Eckerbrunn (Walch Josef)	abgerissen	
21. Georgihäusl (Walch Georg)	abgerissen	
22. Haus Hudler (Hudler Anna)	abgerissen	
23. Haus Hess (Dr. Hess Johannes)	abgerissen	
24. Marienhäusl (Gräfin v. Rüxleben Cornelia)	abgerissen **9.** Bau für Verwaltung (Kindergarten und Modellhaus)	1945 zerstört
25. Bodnerfeld Skigelände mit Sprungschanze	**7.** SS-Kaserne 1941 Bau, Bodnerfeld	1945 zerstört Fußballplatz
26. Bodnerlehen (Brandner Balthasar/Hudler Anna)	abgerissen	
27. Hotel Türken – früher Jakobsbichl (Schuster Karl)	**8.** Ausbau in Kommandozentrale des RSD/Staatspolizei	1945 schwer beschädigt, wiederhergestellt von ehem. Besitzerin
28. Haus Wachenfeld (Winter Margarethe aus Buxtehude) 1916 Bau 1933 Verkauf an Hitler	**10.** 1933 – 34 Umbau später Neubau »BERGHOF«	1945 zerstört 1952 Sprengung

(Lagepläne dazu Seite 14/15 und 16/17)

vor 1933 (Name von letztem Besitzer)	**1933 – 1945**	**nach 1945**
29. Lindenhöhe (Geschwister Kaufmann)	abgerissen	
30. Haus Salzburgblick (Zotz Martin)	abgerissen	
31. Mittertratten, Schreinerei (Rappold)	abgerissen	
32. Gasthaus Steiner (Kurz Johann)	abgerissen	
32a. Wesenheim (Witting-Holstein)	abgerissen	
33. Baumgartmühle (Lochner Wolfgang) Landh. Wolfried (Lochner Wolfgang jun.) Atelier (Lochner Michael)	abgerissen	
34. Baumgartlehen (Carl v. Linde)	abgerissen **11.** Wirtschaftsgebäude Gutshof	Ruine
35. Buchenheim (Paulsen Claudius)	abgerissen	
36. Berghäusel (Lochner Michael)	abgerissen	
37. Meisterlehen (Walch Anton – Koller Anton)	abgerissen	
38. Meisterhäusl (Koller A.)	abgerissen	
39. Waltenbergerheim (Sandner Norbert)	**13.** Übernahme durch Reichsminister Speer (unterhalb Bau von Atelier Speer)	erhalten
40. Berghanghäusl (Fendt Ludwig)	erhalten	
41. Antenberglehen — Besitzer: Marine-Offiziers-verband	abgerissen — **14.** Bau von Arbeiterlagern (Baracken-lagern)	1945 zerstört
42. Hotel Antenberg (Marine-genesungs-heim) — Besitzer: Marine-Offiziers-verband	abgerissen — **14.** Bau von Arbeiterlagern (Baracken-lagern)	1945 zerstört
43. Villa Oberbaumgart — Besitzer: Marine-Offiziers-verband	abgerissen — **15.** Bau einer Theaterhalle	Ruine der Theaterhalle (Holzteile abgetragen und in München als Notkirche aufgestellt)
44. Meierei (vom Hotel Antenberg) — Besitzer: Marine-Offiziers-verband	**16.** Ausbau eines Jugendpflegeheims genutzt für die Kriegs-Heim-Industrie **17.** Bau »Kampfhäusl«	1945 zerstört
45. Clubheim (Arnoldscher Pensionsverein Dresden)	**18.** 1935 Parteigästehaus	bombengeschädigt und ausgeplündert (Ruine)
46. – 48. Pension »Moritz« Früher Bauernanwesen »Steinhaus« Besitzer: Johann Hofreiter 1877 v. Moritz Mayer erworben, als Ökonomie weitergeführt und zum Fremdenheim umgestaltet (ab 1878 unter der Bezeichnung »Pension Moritz«. In den folgenden Jahren mehrere Um- und Neubauten an Pension und Ökonomie. 1897 nach dem Tod von M. Mayer von Schwester Antonie Mayer bis 1921 weitergeführt. Ab 1921 Besitzer: Dr. Joseph anschließend Paul Dressel. Letzter Besitzer: Bruno Büchner bis zum Verkauf 1936	**19.** 1936 Ausbau zum »Platterhof« 1938 abgerissen Neubau eines Volkshotels für Besucher, Anbau Bergschänke 1943 Lazarett und Genesungsheim Berchtesgaden	1945 zerstört Aufbau des ehem. Platterhofes durch USA Erholungsgebiet der US-Streitkräfte
	20. Bau Angestelltenwohnblock (Barackenlager am Platterhofhügel)	1945 zerstört Ruine Angestelltenwohnblock 1981 geschliffen bis zum Erdgeschoß
	21. Neubau von Läden und Postamt	1945 zerstört
49. Klauslehen Hammerllehen Earlerhäusl (auf diesem Plan nicht abgebildet)	abgerissen **22.** Bau von Unterkünften für Beamte und Angestellte	1945 zerstört teilweise erhalten
50. Buchenlehen Wagnerlehen Fürstenbichl (auf diesem Plan nicht abgebildet)	abgerissen **23.** Bau von Unterkünften für Beamte und Angestellte Bau von zusätzlichen Versorgungseinrichtungen	1945 zerstört teilweise erhalten 1985 Bau des Asthmazentrums
	24. Bau Koksbunker	1945 zerstört (Ruine)
	25. Bau Hochbehälter	1945 zerstört (Ruine)

Amerikanische Soldaten nach dem Einmarsch im großen Fenster des Berghofes.

Hoher Besuch von amerikanischen Generälen in der Ruine Haus Wachenfeld in den Nachkriegsjahren.

Der Platterhof, später wiederaufgebaut und bis Ende September 1995 von den amerikanischen Truppen als Erholungshotel genutzt.

Amerikanische Soldaten im Kehlsteinhaus

Post Scriptum: Der historische Ort der NS-Fotografie und der Obersalzberg

Viele Broschüren über den Obersalzberg bestehen zum Großteil aus Fotos. Sind solche Fotos nicht authentisch? Geben sie die damalige Realität nicht ungeschminkt wieder? Der Historiker wird bei diesen Fragen zu entschiedener Vorsicht mahnen müssen. Jedes Foto bietet nur eine fragmentierte Wahrnehmung, liefert lediglich einen Ausschnitt der Realität, blendet somit aus. Die Fotografie gehörte zum Medium der Selbstinszenierung der NS-Herrschaft. Der Hitlermythos beispielsweise wurde zumindest zum Teil über Fotos geschaffen; dessen muß sich der Betrachter bewußt sein; er soll sie daher kritisch „lesen", die Absicht mitdenken.

Zwei Ebenen gilt es dabei zu beachten: Erstens den Produktionskontext - eine inszenierte Wirklichkeit sollte Hitler so darstellen, wie er sich selbst gerne sah und gesehen werden mochte; die Rhetorik der Bilder sollte die innere Bindung an den Führer stärken, Herrschaft repräsentieren.

Zweitens den Rezeptionskontext - der Betrachter soll in die sakrale Aura einbezogen werden; die Ästhetik der inszenierten Pose will beim Beschauer Zustimmung erringen. So aber wirkt die Magie der Bilder auch über den Zusammenbruch der NS-Herrschaft hinaus. Seht - sagen sie - so schlimm können die Nazis gar nicht gewesen sein, wenn sie sich auf diesen Bildern so menschlich, so wie Du und Ich präsentieren.

Jedes Foto liefert daher die ge wünschte Sicht mit. Beim Nationalsozialismus sind es im wesentlichen zwei Tendenzen: die Tendenz zur Monumentalisierung (Reichsparteitage etcetera) und die Tendenz zur Idylle. Bei den Bildern vom Obersalzberg geht es um Repräsentation des „Volkskanzlers", des „privaten" Hitler. Tatsächlich bestand eine riesige Nachfrage nach diesem Genre. Die Massenkultur der 1920er und 1930er Jahre - Film, Rundfunk, Schallplatte, Bildzeitung - hatten die Menschen süchtig nach Bildern gemacht, den Kult des „Star" in ungewohnte Höhe erhoben. Wie lebt er/sie, wie kleidet er/sie sich, wo wohnt er/sie ? ... Genau diesen Voyeurismus bediente der Nationalsozialismus. Während der „Führer" stereotyp einen grimmigen, entschlossenen, kämpferischen Gesichtsausdruck zeigt, wirkt der „Volkskanzler" gelöst: Sorgend füttert er ein Reh, zärtlich küßt er ein Baby, wie ein Filmstar aus Hollywood sitzt er locker im eleganten grauen Flanellanzug auf seinem Schreibtisch, als nachdenklicher Wanderer spaziert er durch die Berge, am Kamin plaudert er mit seinen Gästen, dem Volke nahe trägt er eine Trachtenjacke... Es gibt kein Konzentrationslager, nicht den von Granaten zerfetzten Leib eines Soldaten. Selbst die Parteisymbole sind in diesem privaten Sozialraum ausgespart. Repräsentiert werden soll der große und gute

Mensch. Die Aufnahmen werden nur bei Schönwetter gemacht, Hitlerwetter sagten die Anhänger. Die unzähligen Kinderbilder sprechen die sentimentale Gefühlslage des Volkes an. Und das Volk trifft er in Berchtesgaden. Der Waschzettel zum Fotoband „Hitler in seinen Bergen" verkündet: „Denn hier in dem einfachen Landhaus auf dem Obersalzberg, im Zusammensein mit den Kampfgefährten schwerer Tage, bei Wanderungen und Fahrten durch die Berge, im Gespräch mit den Bauern und Sennen der Nachbaralmen, den Holzknechten und Flößern der Wildwasser, in der gläubigen Liebe dieser geraden und aufrichtigen Menschen der Berge: hier ist der Führer ganz zu Hause".[138]

Dieser Suggestivkraft der Bilder, die durchtränkt sind von der Propaganda, gilt es zu entkommen.

Der Blick muß sich auf die ganze, unverfälschte Realität des „Dritten Reiches" richten!

Suggestivkraft der Bilder, durchtränkt von Propaganda

Quellennachweis

[1] Max Weber, Wirtschaft und Gesellschaft, Tübingen 1980, 140-147.
[2] Josef Geiß, Obersalzberg. Die Geschichte eines Berges von Judith Platter bis heute, Berchtesgaden, 1989, 18. Auflage, 132.
[3] Akten der Partei-Kanzlei der NSDAP. Rekonstruktion eines verlorengegangenen Bestandes, München 1983, 22.758.
[4] Ian Kershaw, Hitlers Macht. Das Profil der NS-Herrschaft, München 1992.
[5] Alan Bullock, Hitler und Stalin. Parallele Leben, Berlin 1991, 205.
[6] Joachim C. Fest, Hitler. Eine Biographie, 2. Bd., Frankfurt/M. 1976, 706.
[7] Ernst Hanisch, Der „deutsche Frühling" in Salzburg, in: Salzburger Nachrichten, 31.12.1987.
[8] Franz Neumann, Behemoth. Struktur und Praxis des Nationalsozialismus 1933-1944, Frankfurt/M. 1984.
[9] Peter Reichel, Der schöne Schein des Dritten Reiches. Faszination und Gewalt des Faschismus, Frankfurt/M. 1993.
[10] München - „Hauptstadt der Bewegung", München 1993, 125-131.
[11] Ebd., 397.
[12] Ebd., 395.
[13] Christa Schroeder, Er war mein Chef. Aus dem Nachlaß der Sekretärin von Adolf Hitler, hg. von Anton Joachimsthaler, München 1985, 112.
[14] Marlis Steinert, Hitler, München 1994, 323.
[15] Martin Broszat, Soziale Motivation und Führer-Bindung des Nationalsozialismus, in: ders., Nach Hitler. Der schwierige Umgang mit unserer Geschichte, München 1988, 11-33; Joachim C. Fest, Hitler, 1. Bd., 56-58.
[16] Hanns Haas, Die Sommerfrische - Ort der Bürgerlichkeit, in: „Durch Arbeit, Besitz, Wissen und Gerechtigkeit". Bürgertum in der Habsburgermonarchie, 2. Bd., hg. von Hannes Stekl u.a., Wien 1992, 364-377.
[17] Hellmut Schöner, Berchtesgadener Fremdenverkehrs-Chronik 1871-1922, Berchtesgaden 1971; Josef Geiß, Obersalzberg, 22-67.
[18] Josef Wysocki, Leben im Berchtesgadener Land 1800-1990, Berchtesgaden 1991, S. 122.
[19] Arthur Schnitzler, Tagebuch 1920-1922, Wien 1993, 343f.
[20] Albert Speer, Erinnerungen, Frankfurt/M. 1969, 98.
[21] Adolf Hitler. Monologe im Führer-Hauptquartier 1941-1944. Aufzeichnungen Heinrich Heims, hg. von Werner Jochmann, Hamburg 1980, 97.
[22] Marlis Steinert, Hitler, 71.
[23] Manfred von Ribbentrop, Um den Untersberg. Sagen aus Adolf Hitlers Wahlheimat, Frankfurt/M. (1937), Kranz-Bücherei 224, 3-6.
[24] Sagenhafter Untersberg. Die Untersbergsage in Entwicklung und Rezeption, hg. von Ulrike Kammerhofer-Aggermann, Salzburg 1991/92.
[25] Ebd., 143.
[26] Ebd., 162.
[27] Albert Speer, Erinnerungen, 100.
[28] Adolf Hitler, Monologe, 263; zu Kaiser Karl den Großen: Lexikon des Mittelalters, 5. Bd., 5. Lieferung, München 1990, 956-966.
[29] Ernst Kantorowicz, Kaiser Friedrich der Zweite, Berlin 1927; Stupor Mundi. Zur Geschichte Friedrichs II. von Hohenstaufen, hg. von Gunther Wolf, Darmstadt 1966.
[30] Sagenhafter Untersberg, 42.
[31] Manfred von Ribbentrop, Um den Untersberg, 6-8.
[32] Adolf Hitler. Monologe, 202-210.
[33] Akten der Partei-Kanzlei, 11.820. Schreiben vom 10.12.1936.
[34] Adolf Hitler. Monologe, 202.
[35] Geschichte von Berchtesgaden, 1. Bd., hg. von Walter Brugger u.a., Berchtesgaden 1991, 94.
[36] Hellmuth Auerbach, Hitlers politische Lehrjahre und die Münchener Gesellschaft 1919-1923, in: Vierteljahreshefte f. Zeitgeschichte 25 (1977) 1-45; Margarete Plewnia, Auf dem Weg zu Hitler. Der „völkische" Publizist Dietrich Eckart, Bremen 1970.
[37] Joachim C. Fest, Hitler, 1. Bd., 196.
[38] Margarete Plewnia, Auf dem Weg zu Hitler, 91.
[39] Adolf Hitler, Monologe, 203 f.
[40] Hellmuth Auerbach, Hitlers politische Lehrjahre, 38 f.
[41] Adolf Hitler, Monologe, 204, 206.
[42] Werner Maser, Hitlers Mein Kampf, München 1966, 25 f.
[43] Adolf Hitler, Monologe, 205.
[44] Ferdinand Schaffing, Der Obersalzberg. Brennpunkt der Zeitgeschichte, München 1985.
[45] Adolf Hitler, Monologe, 97; Der alte Obersalzberg bis 1937. Dokumentation über die durch Zwangsaufkauf und Abbruch zerstörte ursprüngliche Besiedlung, hg. von Hellmut Schöner und Rosl Irlinger, Berchtesgaden 1989 (Berchtesgadener Schriftenreihe 20), 78.
[46] Adolf Hitler, Monologe, 206 f.
[47] Ebd., 207.
[48] Der alte Obersalzberg, 51.
[49] Adolf Hitler, Monologe, 207.
[50] Der alte Obersalzberg, 13.
[51] Rechnung der Fa. Schüssel, in: Die Rückseite des Hakenkreuzes. Absonderliches aus den Akten des Dritten Reiches, hg. von Beatrice und Helmut Heiber, München 1994, 8; Albert Speer, Erinnerungen, 59.
[52] Joachim C. Fest, Hitler, 722.
[53] Adolf Hitler, Monologe, 201.
[54] Abrechnung vom 8.5.1943. Die Rückseite des Hakenkreuzes, 101.
[55] Schreiben Bormanns vom 31.5.1939. Die Rückseite des Hakenkreuzes, 69 f.
[56] Bernhard Frank, Geheimnis Kehlstein, Berchtesgaden o.J., 20; Jochen v. Lang, Der Sekretär. Martin Bormann: Der Mann, der Hitler beherrschte, Stuttgart 1977.
[57] Lew Besymenski, Die letzten Notizen von Martin Bormann. Ein Dokument und sein Verfasser, Stuttgart 1974, 41.
[58] Jochen v. Lang, Der Sekretär, 112.
[59] Der alte Obersalzberg, 16-18.
[60] Die Rückseite des Hakenkreuzes, 102 f.
[61] Max Hartmann, Die Verwandlung eines Berges unter Martin Bormann (1936-1945). Ein Augenzeuge berichtet: „Meine 10 Jahre auf dem Obersalzberg", Berchtesgaden 1989, 67.
[62] Der alte Obersalzberg, 115.
[63] Akten der Partei-Kanzlei, 26.264.
[64] Josef Wysocki, Leben im Berchtesgadener Land, 273.
[65] Der alte Obersalzberg, 15.
[66] Josef Wysocki, Leben im Berchtesgadener Land, 275.
[67] Bernhard Frank, Geheimnis Kehlstein, 18.
[68] Josef Wysocki, Leben im Berchtesgadener Land, 273.
[69] Ebd., 240 f.
[70] Hellmut Schöner, Berchtesgadener Fremdenverkehrs-Chronik 1923-1945, Berchtesgaden 1974, 107.
[71] Die Rückkehr des Hakenkreuzes, 9.
[72] Ebd., 29.
[73] Staatsarchiv München, NSDAP 359. Für die Überlassung des Materials danke ich Josef Wysocki.
[74] Ebd.
[75] André François-Poncet, Als Botschafter in Berlin 1931-1938, Mainz 1949, 348.
[76] Ebd., 348 f.
[77] Das Kehlsteinhaus. Von Adolf Hitler bis heute, Berchtesgaden 1986; Bernhard Frank, Geheimnis Kehlstein, Berchtesgaden o.J.
[78] Ferdinand Schaffing, Der Obersalzberg, 130-133.
[79] Geheimnis Kehlstein, 17; Florian M. Beierl, Geschichte des Kehlsteins. Ein Berg verändert sein Gesicht, Berchtesgaden 1994.
[80] Max Hartmann, Die Verwandlung des Berges, 33-67.
[81] Josef Geiß, Obersalzberg, 100.
[82] Christa Schroeder, Er war mein Chef, 167 f, 369 f.
[83] Joachim C. Fest, Hitler, 717 f.
[84] Bernhard Frank, Die Rettung von Berchtesgaden und der Fall Göring, Berchtesgaden 1987, 56.
[85] Akten der Partei-Kanzlei, 18.169.
[86] Albert Speer, Erinnerungen, 102-107.
[87] Ebd., 107.
[88] Christa Schröder, Er war mein Chef, 135.
[89] Ian Kershaw, Hitlers Macht, 229.
[90] Christia Schröder, Er war mein Chef, 175; A. Helm, Das Berchtesgadener Land im Wandel der Zeit, Berchtesgaden 1973, 386.
[91] Die Tagebücher von Joseph Goebbels, hg. von Elke Fröhlich, Teil II, 8. Bd., München 1993, 522-541.
[92] Ebd., 523. [93] Ebd., 528. [94] Ebd., 534.
[95] Ebd., 535. [96] Ebd., 538-540.
[97] Ebd., 541.
[98] Bernhard Frank, Die Rettung von Berchtesgaden, 88.
[99] Peter Hoffmann, Widerstand. Staatsstreich. Attentat. Der Kampf der Opposition gegen Hitler, München 1969, 389-392.
[100] Bereits 1938 hatte ein Schweizer Theologiestudent ein Attentat auf dem Obersalzberg versucht. Vgl. Peter Hoffman, Hitler's Personal Security, London 1979, 180 f; Peter Hoffmann, Claus Schenk Graf von Stauffenberg und seine Brüder, Stuttgart

1992, 390; Eberhard Zeller, Oberst Claus Graf Stauffenberg. Ein Lebensbild, Paderborn 1994, 216 f.
[101]Peter Hoffmann, Widerstand, 450 f; Peter Hoffmann, Claus Schenk Graf von Stauffenberg, 408 f.
[102]Ferdinand Schaffing, Der Obersalzberg, 250.
[103]Josef Wysocki, Leben im Berchtesgadener Land, 263.
[104]Paul Schmidt, Statist auf diplomatischer Bühne 1923-45, Frankfurt/M. 1964, 337.
[105]Ebd., 340.
[106]Zit. in: Eberhard Zeller, Oberst Claus Graf Stauffenberg, 35.
[107]Kurt Schuschnigg, Ein Requiem in Rot-Weiß-Rot, Wien 1978, 37.
[108]Ebd., 38.
[109]Ebd., 40.
[110]Ebd., 42.
[111]Ebd., 48.
[112]Ulrich Eichstädt, Von Dollfuß zu Hitler. Geschichte des Anschlusses Österreichs 1933-1938, Wiesbaden 1955, 292-306.
[113]Vgl. das Verzeichnis in: Das Berchtesgadener Land im Wandel der Zeit, Ergänzungsband I, 383-390.
[114]Ferdinand Schaffing, Der Obersalzberg, 174.
[115]Staatsmänner und Diplomaten bei Hitler. 2.T. Vertrauliche Aufzeichnungen über Unterredungen mit Vertretern d. Auslandes 1942-1944, hg. von Andreas Hillgruber, Frankfurt/M. 1970, 234-263.
[116]Ebd., 236. [117] Ebd., 240.
[118]Ebd., 245. [119] Ebd., 256.
[120]Ebd., 256 f.
[121]Akten der Partei-Kanzlei, 17.087.
[122]Ferdinand Schaffing, Der Obersalzberg, 231.
[123]Die verhinderte Alpenfestung. Berchtesgaden 1945. Dokumente und Berichte, hg. von Hellmut Schöner, Berchtesgaden 1971, 36.
[124] Peter Hoffmann, Hitler's Personal Security, 190.
[125] Ebd., 196.
[126]Bernhard Frank, Die Rettung von Berchtesgaden.
[127]Peter Hoffmann, Hitler's Personal Security, 194-196.
[128]Gerhard L. Weinberg, A World at Arms. A Global History of World War II, Cambridge 1994, 894; Thomas Albrich, Arno Gisinger, Im Bombenkrieg. Tirol und Vorarlberg 1943-1945, Innsbruck 1992, 214-228.
[129]Lagebesprechung im Führerhauptquartier, hg. von Helmut Heiber, Berlin 1963, 345, Abendlage 23. März 1945.
[130]Joachim C. Fest, Hitler, 1008 f.
[131]Peter Hoffmann, Hitler's Personal Security, 196; Das Kehlsteinhaus, 19.
[132]Die verhinderte Alpenfestung, 51.
[133]Lew Besymenski, Die letzten Notizen von Martin Bormann, 230.
[134]Bernhard Frank, Die Rettung von Berchtesgaden, 96-121, 138-143; Alfred Kube, Pour le mérite und Hakenkreuz. Hermann Göring im Dritten Reich, München 1986, 344-346.
[135]Die Rückseite des Hakenkreuzes, 397 f.
[136]Die verhinderte Alpenfestung, 22-49.
[137]Josef Wysocki, Leben im Berchtesgadener Land, 300 f.
[138]Rudolf Herz, Hoffmann und Hitler. Fotografie als Medium des Führer-Mythos, München 1994, 252; vgl. auch: Rolf Sachsse, Probleme der Annäherung. Thesen zu einem diffusen Thema: NS-Fotografie, in: Fotogeschichte 2 (1982), 59-65; Bilder von Krupp. Fotografie und Geschichte im Industriezeitalter, hg. von Klaus Tenfelde, München 1994.

Das Leben geht weiter

Seite 48:
Das Kehlsteinhaus heute